에듀윌과 함께 시작하면,
당신도 합격할 수 있습니다!

집안 사정으로 인해
오랫동안 학업을 중단했던 늦깎이 수험생

외국 생활을 앞두고
한국 학력 인정이 필요한 유학생

학교를 그만두고
미래를 스스로 준비하는 학교 밖 청소년

누구나 합격할 수 있습니다.
해내겠다는 '열정' 하나면 충분합니다.

마지막 페이지를 덮으면,

**에듀윌과 함께
검정고시 합격이 시작됩니다.**

85만 권 판매 돌파
177개월 베스트셀러 1위!

에듀윌이 만든 검정고시 BEST 교재로
합격의 차이를 직접 경험해 보세요

중·고졸 검정고시 기본서

중·고졸 검정고시 5개년 기출문제집
(24년 9월 출간 예정)

중·고졸 검정고시 핵심총정리
(24년 9월 출간 예정)

중·고졸 검정고시 모의고사
(24년 12월 출간 예정)

에듀윌 검정고시 합격 스토리

박○주 합격생

에듀윌 교재로 학습하면 고득점 합격 가능!

핵심총정리와 기출문제집 위주로 학습하면서, 취약했던 한국사는 기본서도 함께 보았습니다. 암기가 필요한 개념은 노트 정리도 하였고, 기출은 맞힌 문제와 틀린 문제 모두 꼼꼼히 살폈습니다. 저는 만점이 목표였는데, 사회 한 문제를 제외하고 모두 100점을 맞았답니다!

김○늘 합격생

노베이스에서 평균 96점으로 합격!

에듀윌 핵심총정리에 수록된 요약본을 토대로 나만의 요약노트를 만들고 반복해서 살펴보았습니다. 시험이 2주가량 남았을 때는 D-7 모의고사를 풀었는데, 실제 시험장처럼 OMR 답안카드 작성을 연습할 수 있었습니다. 검정고시를 준비하는 수험생이라면 이 두 책은 꼭 보기를 추천합니다~

노○지 합격생

에듀윌 기출문제집은 합격으로 가는 필수템!

저는 먼저 부족한 과목의 개념을 집중 학습한 후 기출문제를 반복해 풀었습니다. 기출문제집에는 시험 범위에 해당하지 않는 문제가 무엇인지 안내되어 있고, 출제 경향이 제시되어 있어 유용했습니다. 시험 일주일 전부터 전날까지 거의 매일 기출문제를 풀었어요. 제가 합격하는 데는 기출문제집의 역할이 컸습니다.

박○르 합격생

2주 만에 평균 95점으로 합격!

유학을 위해 검정고시를 준비했습니다. 핵심총정리를 통해 어떤 주제와 유형이 자주 출제되는지 알 수 있어 쉽게 공부했습니다. 모의고사는 회차별·과목별로 출제의도가 제시되어 있어 좋았습니다. 다들 각자의 목표가 있으실 텐데, 모두 원하는 결과를 얻고 새로운 출발을 하시길 응원할게요!

다음 합격의 주인공은 당신입니다!

더 많은
합격 스토리

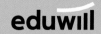

1위 에듀윌만의
체계적인 합격 커리큘럼

쉽고 빠른 합격의 첫걸음
고졸 검정고시 핵심개념서 무료 신청

원하는 시간과 장소에서, 합격 필수 콘텐츠까지
온라인 강의

① 전 과목 최신 교재 제공
② 과목별 업계 최강 교수진과 함께
③ 검정고시 합격부터 대입까지 가능한 학습플랜 제시

고졸 검정고시
핵심개념서
무료 신청

친구 추천 이벤트

" 친구 추천하고 한 달 만에
920만원 받았어요 "

친구 1명 추천할 때마다 현금 10만원 제공
추천 참여 횟수 무제한 반복 가능

※ *a*o*h**** 회원의 2021년 2월 실제 리워드 금액 기준
※ 해당 이벤트는 예고 없이 변경되거나 종료될 수 있습니다.

친구 추천 이벤트
바로가기

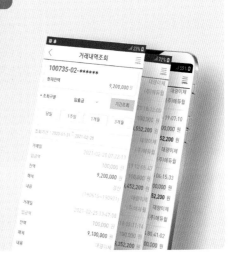

더 많은 혜택이 궁금하다면 1600-6700
* 위 내용은 서비스 개선을 위해 예고 없이 변경될 수 있습니다.

ENERGY

세상을 움직이려면
먼저 나 자신을 움직여야 한다.

– 소크라테스(Socrates)

에듀윌 중졸 검정고시
기본서 도덕

eduwill

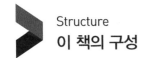

Structure
이 책의 구성

누구나 한 번에 합격할 수 있다!
이론부터 문제까지 해답은 기본서!

단원별로 이론을 학습하고 ▶ 문제로 개념을 점검하고 ▶ 모의고사로 도덕을 완벽 정복!

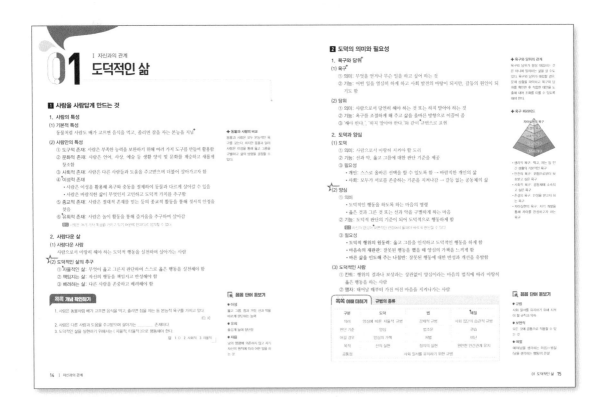

믿고 보는 단원별 이론

- 출제 범위에 해당하는 2015 개정 교육과정을 철저하게 반영하였습니다.
- 기초가 부족해도 충분히 이해할 수 있도록 내용을 쉽게 서술하였습니다.

이해를 돕는 보충 설명과 단어장

- 이론과 연관된 보충 개념을 보조단에 수록하여 바로바로 확인할 수 있습니다.
- 단어 설명을 교재 하단에 수록하여 정확한 개념의 이해를 돕습니다.

BOOK
GUIDE

이론의 상세함 정도 ■■■■■■□

문제의 수록 정도 ■■■■■□□

교재의 난도 ■■■□□□□

기초부터 차근차근 학습할 수 있는 기본서

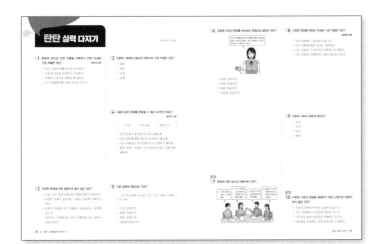

앞선 시험에 나온, 앞으로 시험에 나올!

탄탄 실력 다지기

기출문제 및 예상문제를 통해 이론을 효율적으로 복습할 수 있습니다.

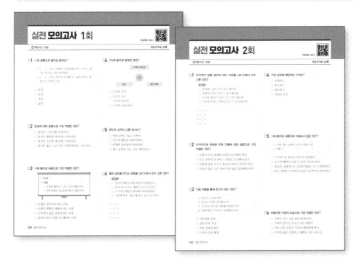

실전은 연습한 만큼 노련해지는 것!

최종 실력점검

그동안의 학습을 마무리하며 모의고사 2회분을 풀어 봄으로써 자신의 실력을 가늠하고 실전 감각을 향상시킬 수 있습니다.

BONUS STAGE

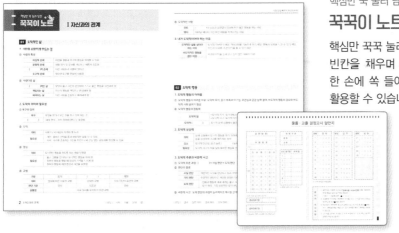

핵심만 꾹 눌러 담은!

꾹꾹이 노트

핵심만 꾹꾹 눌러 담아 완벽하게 정리하였습니다.
빈칸을 채우며 중요 내용을 다시 한 번 확인하고,
한 손에 쏙 들어오는 크기로 이동 시 들고 다니며
활용할 수 있습니다.

함께 수록한 OMR 답안카드를
활용하여 실제 시험처럼 답안지
작성 연습을 할 수 있습니다.

▎ 중졸 검정고시란

부득이한 이유로 정규 중학교 과정을 마치지 못한 사람들을 대상으로 실시하는 국가 자격 시험입니다.
중졸 검정고시에 합격한 사람은 중학교를 졸업한 사람과 동등한 자격을 인정받습니다.

시험 주관 기관
• 시·도 교육청: 시행 공고, 원서 교부 및 접수, 시험 실시, 채점, 합격자 발표를 담당합니다.
• 한국교육과정평가원: 문제 출제, 인쇄 및 배포를 담당합니다.

출제 범위
• 2015 개정 교육과정에서 출제됩니다.
• 2013년 1회부터 문제은행 출제 방식이 도입됨에 따라 과거 기출문제가 30% 내외 출제될 수 있습니다.

🖐 본서는 출제 범위를 철저하게 반영하였으니 안심하고 학습하세요!

시험 일정

구분	공고일	접수일	시험일	합격자 발표일	공고 방법
제1회	2월 초순	2월 중순	4월 초·중순	5월 초·중순	시·도 교육청 홈페이지
제2회	6월 초순	6월 중순	8월 초·중순	8월 하순	

🖐 시험 일정은 시·도 교육청 협의에 따라 변경될 수 있어요.

출제 방향
중학교 졸업 정도의 지식과 그 응용 능력을 측정할 수 있는 수준으로 출제됩니다.

응시 자격
• 초등학교 졸업자 및 이와 동등 이상의 학력이 있는 사람
• 초·중등교육법 시행령 제29조의 규정에 의하여 학적이 정원 외로 관리되는 사람
• 3년제 고등공민학교 졸업자 및 졸업예정자
• 중학교에 준하는 각종 학교의 졸업자 또는 졸업예정자
• 보호소년 등의 처우에 관한 법률 시행령 제69조 제2호에 해당하는 사람

🖐 상기 자료는 2024년 서울시 교육청 공고문 기준이에요. 2025년 시험 응시 예정자는 최신 공고문을 꼭 확인하세요.

▍시험 접수부터 합격까지

시험 접수 방법
각 시 · 도 교육청 공고를 참조하여 접수 기간 내에 현장 혹은 온라인으로 접수합니다.

🖐️접수 기간 내에 접수하지 못하면 시험을 응시할 수 없으니 주의가 필요해요!

시험 당일 준비물
- 수험표 및 신분증(만 17세 미만의 응시자는 청소년증, 주민등록번호가 포함된 여권 혹은 여권정보증명서)
- 샤프 또는 연필, 펜, 지우개와 같은 필기도구와 답안지 작성을 위한 컴퓨터용 수성사인펜, 답안 수정을 위한 수정테이프, 아날로그 손목시계 📵✋ 디지털 손목시계는 금지되어 있어요!
- 소화가 잘 되는 점심 도시락

입실 시간
- 1교시 응시자는 시험 당일 오전 8시 40분까지 지정 시험실에 입실합니다.
- 2~6교시 응시자는 해당 과목의 시험 시간 10분 전까지 시험실에 입실합니다.

시험 진행

🚩 이제부터 실력 발휘를 할 시간!

구분	1교시	2교시	3교시	4교시	점심	5교시	6교시
시간	09:00 ~ 09:40 (40분)	10:00 ~ 10:40 (40분)	11:00 ~ 11:40 (40분)	12:00 ~ 12:30 (30분)	12:30 ~ 13:30	13:40 ~ 14:10 (30분)	14:30 ~ 15:00 (30분)
과목	국어	수학	영어	사회		과학	선택 *

* 선택 과목에는 도덕, 기술 · 가정, 정보, 체육, 음악, 미술이 있습니다.

유의 사항
- 수험생은 시험 시간에 휴대 전화 등의 통신기기를 일절 소지할 수 없습니다. 만약 소지할 경우 사용 여부를 불문하고 부정행위로 간주됩니다.
- 수험생은 시험 종료 시간이 될 때까지 퇴실할 수 없습니다. 다만, 불가피한 사유로 퇴실할 경우 퇴실 후 재입실이 불가능하며 별도의 지정 장소에서 시험 송료 시까지 대기히어야 합니다.

합격자 발표
- 시 · 도 교육청 홈페이지에서 발표합니다.
- 100점 만점 기준으로 전 과목 평균 60점 이상을 취득해야 합니다.
- 평균 60점을 넘지 못했을 경우 60점 이상 취득한 과목은 과목 합격으로 간주되어, 이후 시험에서 본인이 원한다면 치르지 않을 수 있습니다.

How to study
선생님이 알려 주는 합격 전략

Q 2015 개정 교육과정이 적용된 출제 범위를 알고 싶어요.

2015 개정 교육과정은 2009 개정 교육과정과 비교했을 때 동서양 학자들의 사상, 인간상, 이상 사회 등의 내용이 삭제되었으며, 전반적으로 출제 내용은 크게 변하지 않았습니다.
본서의 구성을 따라 6개 단원을 차근차근 공부하도록 해요.

Q 출제 난이도가 궁금해요. 공부를 놓은 지 오래되었는데 합격할 수 있을까요?

검정고시는 정상적으로 학교를 다니기 어려운 분들에게 추가적인 교육의 기회를 제공하기 위하여 실시하는 시험입니다. 따라서 가능하면 쉽게 출제하여 어려운 여건에서 공부하시는 분들이 학업의 기회를 가질 수 있도록 하며, 이러한 출제방침은 앞으로도 계속될 거예요.

Q 지난 시험에서는 어떻게 출제되었나요?

2024년 1회 도덕 시험은 이렇게 출제되었습니다.

16%
24%
20%
20%
8%
12%

❶ 자신과의 관계
❷ 타인과의 관계 (1)
❸ 사회·공동체와의 관계 (1)
❹ 타인과의 관계 (2)
❺ 사회·공동체와의 관계 (2)
❻ 자연·초월과의 관계

이번 시험에서는 1단원에서 가장 많은 문제가 출제되었고, 나머지 문제는 단원별로 고르게 출제되었습니다. 깊이 있는 내용보다는 기본 개념을 이해하고 있는가를 묻는 문제가 많이 출제되었습니다. 따라서 도덕 과목을 학습할 때는 6개의 단원을 균형 있게 꼼꼼히 학습하고, 개념에 대한 이해가 충분히 이루어져야 합니다.

Q 합격하기 위해서는
어떻게 공부해야 할까요?

중졸 검정고시 도덕은 난도가 높지 않고 상식적인 수준에서 해결할 수 있는 문제가 상당수 출제되고 있습니다. 따라서 익숙하지 않은 단어나 암기가 필요한 이론에 초점을 맞춰 학습한다면 충분히 합격할 수 있을 거예요.

Tip 이렇게 공부해요!

• 우선은 기본서를 쭉 살펴보면서 전체적인 구조를 이해해 보아요. 처음 마주한 단어들은 알아볼 수 있게 표시해 두고 이후 학습에서 표시한 단어를 반복해서 확인하세요.

• 시험이 얼마 남지 않았을 때는 모의고사를 통해 실력을 점검해 보고 빈출되는 주제와 어려운 단원을 집중적으로 학습하세요. 어떤 시험공부든 모르는 것을 찾아서 알 때까지 반복하는 것이 가장 좋은 방법이라는 것을 기억하세요.

Q 기본서 학습이 끝나면
어떻게 공부해야 할까요?

기본서 학습이 끝난 후에는 자신의 현재 수준과 고민에 맞는 방법을 선택하여 진행해 주세요. 합격에 한층 더 가까워질 거예요.

Tip 이렇게 공부해요!

이론을 한 번 더 정리하고 싶다면?

에듀윌 핵심총정리로 공부해 보세요. 핵심총정리는 6과목의 주요 이론을 압축 정리하여 단 한 권으로 구성하였어요. 자주 출제되고 앞으로 출제될 중요 개념만을 모아 효율적으로 학습할 수 있답니다.

문제 푸는 연습을 더 하고 싶다면?

에듀윌 기출문제집을 풀어 보세요. 기출문제집은 최신 5개년 기출문제와 상세한 해설을 수록하였어요. 2015 개정 교육과정에 해당하지 않는 문제는 별도로 표시하여 학습의 편의를 높였답니다.

실전 감각을 높이고 싶다면?

에듀윌 모의고사를 풀어 보세요. 모의고사는 실제 시험과 동일한 난이도와 형식으로 문제를 구성하였어요. 시험 직전에 실전을 완벽하게 대비할 수 있도록 제작되었답니다.

Contents
이 책의 차례

■ 이 책의 구성
■ 시험 정보
■ 선생님이 알려 주는 합격 전략

I

자신과의 관계

II

타인과의 관계(1)

III

사회·공동체와의 관계(1)

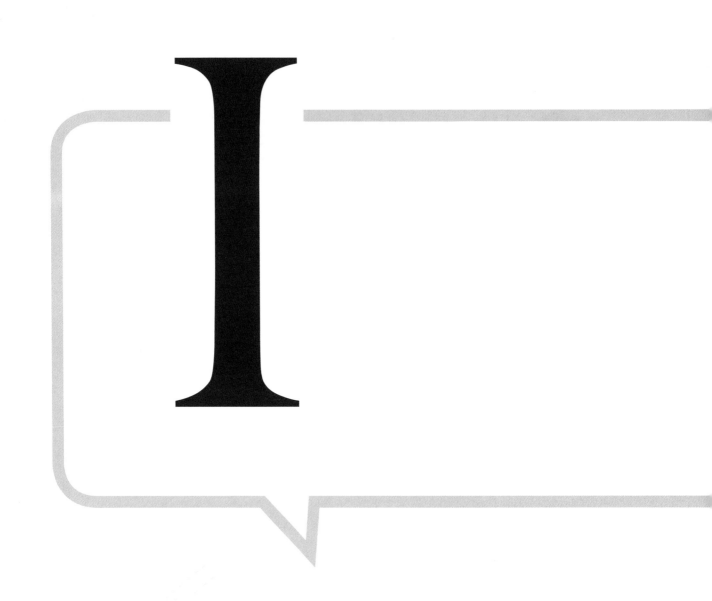

자신과의 관계

01 도덕적인 삶

1 사람을 사람답게 만드는 것

1. 사람의 특성

(1) 기본적 특성

동물처럼 사람도 배가 고프면 음식을 먹고, 졸리면 잠을 자는 본능을 지님[+]

(2) 사람만의 특성

① 도구적 존재: 사람은 부족한 능력을 보완하기 위해 여러 가지 도구를 만들어 활용함

② 문화적 존재: 사람은 언어, 사상, 예술 등 생활 양식 및 문화를 계승하고 새롭게 창조함

③ 사회적 존재: 사람은 다른 사람들과 도움을 주고받으며 더불어 살아가고자 함

④ 이성적 존재
  • 사람은 이성을 활용해 욕구와 충동을 절제하여 동물과 다르게 살아갈 수 있음
  • 사람은 바람직한 삶이 무엇인지 고민하고 도덕적 가치를 추구함

⑤ 종교적 존재: 사람은 절대적 존재를 믿는 등의 종교적 활동을 통해 정서적 안정을 찾음

⑥ 유희적 존재: 사람은 놀이 활동을 통해 즐거움을 추구하며 살아감

> 참고 사람은 여러 가지 특성을 가지고 있기 때문에 한마디로 정의할 수 없다.

2. 사람다운 삶

(1) 사람다운 사람

사람으로서 마땅히 해야 하는 도덕적 행동을 실천하며 살아가는 사람

☆(2) 도덕적인 삶의 추구

① 자율적인 삶: 무엇이 옳고 그른지 판단하여 스스로 옳은 행동을 실천해야 함

② 책임지는 삶: 자신의 행동을 책임지고 반성해야 함

③ 배려하는 삶: 다른 사람을 존중하고 배려해야 함

콕콕 개념 확인하기

1. 사람은 동물처럼 배가 고프면 음식을 먹고, 졸리면 잠을 자는 등 본능적 욕구를 가지고 있다.

(O, X)

2. 사람은 다른 사람과 도움을 주고받으며 살아가는 _____ 존재이다.

3. 도덕적인 삶을 실현하기 위해서는 (자율적, 타율적)으로 행동해야 한다.

답 1. ○ 2. 사회적 3. 자율적

＋ 동물과 사람의 비교

동물과 사람은 모두 본능적인 욕구를 갖는다. 하지만 동물과 달리 사람은 이성을 통해 옳고 그름을 구별하고 삶의 방향을 결정할 수 있다.

꼼꼼 단어 돋보기

● 이성

옳고 그름, 참과 거짓, 선과 악을 바르게 판단하는 능력

● 유희

즐겁게 놀며 장난함

● 자율

남의 명령에 의존하지 않고 자기 자신의 원칙에 따라 어떤 일을 하는 것

2 도덕의 의미와 필요성

1. 욕구와 당위[+]

(1) 욕구[+]

① 의미: 무엇을 얻거나 무슨 일을 하고 싶어 하는 것

② 기능: 어떤 일을 열심히 하게 하고 사회 발전의 바탕이 되지만, 갈등의 원인이 되기도 함

(2) 당위

① 의미: 사람으로서 당연히 해야 하는 것 또는 하지 말아야 하는 것

② 기능: 욕구를 조절하게 해 주고 삶을 올바른 방향으로 이끌어 줌

③ '해야 한다.', '하지 말아야 한다.'와 같이 규범으로 표현

2. 도덕과 양심

(1) 도덕

① 의미: 사람으로서 마땅히 지켜야 할 도리

② 기능: 선과 악, 옳고 그름에 대한 판단 기준을 제공

③ 필요성
- 개인: 스스로 올바른 선택을 할 수 있도록 함 → 바람직한 개인의 삶
- 사회: 모두가 서로를 존중하는 기준을 지켜나감 → 갈등 없는 공동체의 삶

☆(2) 양심

① 의미
- 도덕적인 행동을 하도록 하는 마음의 명령
- 옳은 것과 그른 것 또는 선과 악을 구별하게 하는 마음

② 기능: 도덕적 판단의 기준이 되어 도덕적으로 행동하게 함

> **참고** 자신의 양심이 보편적인 관점에서 옳아야 바르게 판단할 수 있다.

③ 필요성
- 도덕적 행위의 원동력: 옳고 그름을 인식하고 도덕적인 행동을 하게 함
- 마음속의 재판관: 잘못된 행동을 했을 때 양심의 가책을 느끼게 함
- 바른 삶을 인도해 주는 나침반: 잘못된 행동에 대한 반성과 개선을 유발함

(3) 도덕적인 사람

① 칸트: 행위의 결과나 보상과는 상관없이 양심이라는 마음의 법칙에 따라 마땅히 옳은 행동을 하는 사람

② 맹자: 태어날 때부터 가진 어진 마음을 지켜나가는 사람

쏙쏙 이해 더하기 | 규범의 종류

구분	도덕	법	예절
의미	양심에 따른 자율적 규범	강제적 규범	사회 집단의 습관적 규범
판단 기준	양심	법조문	관습
어길 경우	양심의 가책	처벌	비난
목적	선의 실현	정의의 실현	원만한 인간관계 유지
공통점	사회 질서를 유지하기 위한 규범		

＋ 욕구와 당위의 관계

욕구와 당위가 항상 대립하는 것은 아니며 일치하는 삶을 살 수도 있다. 욕구와 당위가 대립할 경우, 문제 상황을 파악하고 욕구와 당위를 확인한 후 적합한 대안을 도출해 내어 조화를 이룰 수 있도록 해야 한다.

＋ 욕구 피라미드

- 생리적 욕구: 먹고, 자는 등 인간 생활의 기본적인 욕구
- 안전의 욕구: 위험으로부터 보호받고 싶은 욕구
- 사회적 욕구: 공동체에 소속되고 싶은 욕구
- 존경의 욕구: 인정을 받고자 하는 욕구
- 자아실현의 욕구: 자기 개발을 통해 자아를 완성하고자 하는 욕구

꼼꼼 단어 돋보기

● 규범
사회 질서를 유지하기 위해 지켜야 할 규칙과 약속

● 보편적
모든 것에 공통으로 적용할 수 있는 것

● 예절
예의(남을 생각하는 마음)＋범절(남을 생각하는 행동)의 준말

1. 사람의 본성을 보는 관점
- **맹자의 성선설**: 본래 사람의 본성은 선하기 때문에 선한 본성을 갈고 닦는 노력이 필요하다.
- **순자의 성악설**: 본래 사람의 본성은 악하기 때문에 선한 본성을 만들기 위해 노력해야 한다.
- **고자의 성무선악설(백지설)**: 본래 사람의 본성은 선하지도 악하지도 않기 때문에 수양에 따라 어느 품성도 될 수 있다.

2. 맹자의 사단
선한 본성(인의예지仁義禮智)을 뒷받침하기 위한 네 가지 마음

사단	의미
측은지심(惻隱之心)	다른 사람을 측은하게 생각하는 인(仁)의 마음
수오지심(羞惡之心)	잘못한 일에 대해 부끄러워하고 미워하는 의(義)의 마음
사양지심(辭讓之心)	남을 공경하고 사양할 줄 아는 예(禮)의 마음
시비지심(是非之心)	옳고 그름을 구별할 줄 아는 지(智)의 마음

콕콕 개념 확인하기

1. 사람으로서 마땅히 해야 하거나 하지 말아야 하는 것을 _____(이)라고 한다.
2. 도덕적인 행동을 하게 하는 마음의 명령을 _____(이)라고 한다.
3. 도덕은 강제적인 사회 규범으로 지키지 않으면 처벌받는다. (O, X)
4. 원만한 인간관계를 유지하기 위해 지키는 사회 규범은 _____(이)다.

답 1. 당위 2. 양심 3. X 4. 예절

3 내가 도덕적이어야 하는 이유

☆1. 도덕적인 삶을 살아야 하는 이유
① 행복 실현: 진정한 행복을 느낄 수 있음
② 이익 증진: 장기적으로 자신과 사회에 더 큰 이익을 줄 수 있음
③ 의무 실천: 도덕적으로 행동하는 것이 도덕적 의무임
④ 자아실현: 도덕적 자아를 완성하고 자아실현을 가능하게 함

2. 비도덕적인 행동을 하는 이유와 영향
① 이유: 자신의 욕구와 이익을 좇아 *손해 보고 싶지 않은 마음(이기심)
② 영향
- 당장은 이익을 얻을 수 있지만 장기적으로는 자신과 사회의 이익에 방해가 될 수 있음
- 모든 사람이 손해를 보고 공동체의 질서가 무너질 수 있음
- 결국 개인의 행복도 이룰 수 없게 됨

콕콕 개념 확인하기

1. 도덕적인 삶을 통해 자아를 실현할 수 있다. (O, X)
2. 도덕적이지 않은 행동을 하는 이유는 개인의 (양심, 이기심) 때문이다.

답 1. O 2. 이기심

🔍 **꼼꼼 단어 돋보기**

● **손해**
물질적으로나 정신적으로 해를 입음

01 다음 내용이 설명하는 인간의 특성은? **2019년 1회**

> 인간은 혼자서는 살아갈 수 없다. 다른 사람과 더불어 살아가는 상호적인 관계 속에서 살아야 비로소 인간다운 인간이 된다고 할 수 있다.

① 유희적 존재
② 도구적 존재
③ 이성적 존재
④ 사회적 존재

02 다음 내용과 관련된 사람의 특성으로 가장 적절한 것은?

> 사람은 배가 고프면 음식을 먹고, 졸리면 잠을 자는 등 본능을 지니고 있다. 이러한 측면에서 보면 사람도 동물과 다를 바가 없다. 하지만 사람은 아무리 배가 고파도 먹을 것을 훔치지 않고 자신보다 배고픈 타인을 위해 기꺼이 자신의 것을 양보할 수 있다.

① 이성적 존재
② 종교적 존재
③ 문화적 존재
④ 사회적 존재

03 다음에서 설명하는 내용으로 가장 적절한 것은?

2020년 2회

> • 인간으로서 마땅히 지켜야 할 도리
> • 옳고 그름을 판단할 수 있는 바람직한 가치나 규범

① 도덕
② 명예
③ 욕망
④ 제도

주목

04 다음에서 공통으로 설명하는 것은?

> • 따르지 않았을 때 부끄러움을 느낌
> • 도덕적인 행동을 하도록 하는 마음의 명령

① 양심
② 도덕
③ 존중
④ 배려

05 다음 대화에서 설명하는 규범은?

양심에 의해 스스로 지키는 규범이야.

사람으로서 마땅히 지켜야 할 도리이기도 해.

① 법
② 예절
③ 도덕
④ 관습

06 예절에 대한 설명으로 옳은 것은?

① 지키지 않으면 처벌받는다.
② 양심에 따른 자율적 규범이다.
③ 강제로 인간의 행동을 규제한다.
④ 원만한 인간관계 유지를 목적으로 한다.

07 칸트의 관점에서 가장 바람직한 것은?

① 보상에 상관하지 않고 바른 행동을 한다.
② 경제적 이익을 얻기 위해 다른 사람을 도와준다.
③ 봉사 점수를 채우기 위해 주 1회 봉사 활동을 한다.
④ 주변 사람들의 눈치를 보다가 하기 싫은 일을 억지로 한다.

08 다음에서 설명하는 인간 본성에 대한 관점은? 2021년 1회

> 모든 사람은 태어날 때부터 다른 사람을 불쌍히 여기고 자신의 잘못을 부끄러워하는 마음을 가지고 태어난다.

① 인간의 본성은 본래 선하다.
② 인간의 본성은 본래 악하다.
③ 인간의 본성은 본래 선하지도 악하지도 않다.
④ 인간의 본성은 환경에 의해 결정되는 것이다.

09 ㉠에 들어갈 말로 가장 적절한 것은?

① 자아실현
② 책임 회피
③ 갈등 유발
④ 경제적 이익

10 도덕적인 삶을 살기 어렵게 하는 것은?

① 배려심
② 이타심
③ 이해심
④ 이기심

02 I 자신과의 관계
도덕적 행동

1 도덕적 행동의 어려움

1. 도덕적 행동이 어려운 이유

(1) 도덕적 무지⁺

① 지식의 부족: 도덕적 문제 상황에 관한 도덕적 지식이나 행동 규범을 알지 못함

② 사고 능력의 부족: 무엇이 도덕적 행동인지 판단하지 못함

(2) 용기 부족과 이기심

① 용기 부족: 도덕적으로 잘못되었다는 것을 알면서도 거부하거나 막을 용기가 부족함

② 이기심: 비도덕적인 행동임을 알면서도 자신의 이익을 위해 잘못된 행동을 함

(3) 무관심과 공감 능력 결여

① 무관심: 도덕적 문제 상황에 관심을 갖지 않고 자신과 무관한 일로 여김

② 공감 능력 결여: 타인의 생각, 감정, 상황을 이해하지 못함

(4) 강요와 사회 분위기

① 강요: 누군가가 힘, 권위 등을 이용하여 비도덕적 행동을 강요함

② 사회 분위기: 잘못에 대해 관대하게 넘어가는 비도덕적 사회 분위기가 형성됨

2. 도덕적 행동의 원동력

(1) 도덕적 앎

① 도덕적 지식: 도덕규범과 도덕적 문제 상황을 해결하기 위한 필수적인 정보

② 도덕적 사고: 도덕적 지식을 바탕으로 문제와 해결 방법을 검토하여 판단하는 것

☆(2) 도덕적 실천 의지

① 의미: 도덕적 문제 상황에서 옳은 행동을 하겠다는 굳은 마음가짐

② 함양 방법

- 올바른 행동을 습관화⁺하여 자연스럽게 실천할 수 있도록 함
- 잘못된 행동을 반복하지 않기 위해 반성하는 태도를 지니도록 함
- 두려움, 이기심, 무관심 등을 이겨내고 행동으로 옮기려고 해야 함

콕콕 개념 확인하기

1. 도덕적 지식만 많으면 도덕적인 행동을 할 수 있다. (O, X)
2. 도덕적 문제 상황에서 옳은 행동을 하겠다는 굳은 마음가짐을 도덕적 (앎, 실천 의지)(이)라고 한다.
3. 타인의 상황을 이해하지 못하는 것은 _____이/가 부족하기 때문이다.

답 1. X 2. 실천 의지 3. 공감 능력

➕ 도덕적 무지

소크라테스는 사람이 나쁜 짓을 하는 것은 올바른 지식을 알지 못하기 때문이라고 보았고, 선한 것과 아는 것은 같다는 지행합일설을 주장하였다.

➕ 올바른 습관의 중요성

- "한 마리 제비가 왔다고 해서 봄이 온 것은 아니다."
  – 아리스토텔레스 –
- "타고난 본성은 비슷하지만 습관에 의해서 달라진다."
  – 공자 –

한 번의 도덕적 행동을 했다고 해서 도덕적인 사람이 되는 것은 아니므로 꾸준히 도덕적인 행동을 해야 함을 강조하고 있다.

🔍 꼼꼼 단어 돋보기

● 공감

남의 감정, 주장, 의견에 대하여 자기도 그렇다고 느낌

2 도덕적 민감성과 도덕적 상상력

1. 도덕적 민감성

(1) 의미

어떤 상황을 도덕적 문제로 민감하게 느끼고 도덕적으로 반응할 수 있는 것

(2) 필요성

도덕적 문제를 인식하게 만들어 도덕적 사고와 행동을 이끌어 낼 수 있음

2. 도덕적 상상력

(1) 의미

도덕적 문제 상황에서 최선의 도덕적 행동을 하기 위하여 상대방의 처지를 헤아리고, 그 사람을 도울 수 있는 여러 행동을 상상하며 결과를 예측할 수 있는 능력

☆(2) 요소

① 도덕적 민감성[+]
- 의미: 문제 상황에서 민감하게 반응하여 도덕적으로 문제가 있다는 것을 인식하는 것
- 부족한 경우: 문제를 접하더라도 알아차리지 못하고 지나침

② 공감
- 의미: 다른 사람의 감정과 입장을 이해하는 것 **예** 역지사지
- 부족한 경우: 타인에게 어떤 도움을 주어야 하는지 모름

③ 결과 예측 능력
- 의미: 문제 해결을 위한 여러 가지 선택 사항을 고려하고, 그 행동이 미치는 영향을 생각해 보는 것
- 부족한 경우: 적절한 대안과 최선의 행동을 생각해 내지 못함

(3) 필요성

① 도덕적 사고의 폭을 넓혀 줌

② 도덕적 행동을 하는 데 도움을 줌
- 상상의 결과가 좋지 않음 → 그 행동을 선택하지 않음
- 상상의 결과가 좋음 → 그 행동을 선택해서 실천하도록 함

(4) 함양 방법

① 도덕적 문제에 대한 관심: 도덕적 문제에 관심을 기울이고 민감하게 반응함

② 역지사지의 자세: 마음을 열고 상대방의 입장에서 생각해 봄

③ 다양한 측면 검토: 도덕적 문제와 관련된 사항과 해결책을 다양한 측면에서 검토함

④ 행동의 결과 예상: 자기 행동의 결과를 예상해 보고 그 행동의 결과로 일어날 수 있는 도덕적 문제를 상상해 봄

콕콕 개념 확인하기

1. 도덕적 상상력이 뛰어날수록 도덕적으로 문제를 해결할 가능성이 크다. (O, X)
2. 도덕적 상상력의 요소로는 도덕적 _____, 공감, 결과 예측 능력이 있다.

답 1. O 2. 민감성

＋ 도덕적 민감성과 도덕적 상상력의 예

- 도덕적 민감성
동네 놀이터에서 혼자 놀고 있던 아이가 갑자기 안절부절못하며 무엇을 잃어버린 듯 바닥을 확인하는 모습을 보고, 도덕적 문제 상황임을 인식하는 것이다.

- 도덕적 상상력
안절부절못하며 무엇을 잃어버린 듯 놀이터 바닥을 확인하는 아이가 느낄 걱정을 헤아려 보고, 아이에게 어떤 도움이 필요할지 생각해 보는 것이다.

꼼꼼 단어 돋보기

● 민감
자극에 빠르게 반응을 보이거나 쉽게 영향을 받음

● 역지사지
상대방의 처지에서 생각해 봄

3 도덕적 추론과 비판적 사고

1. 판단의 종류

(1) 사실 판단과 가치 판단
① 사실 판단: 객관적인 사실을 판단하고 참과 거짓으로 구별함
> 예 눈이 내리고 있다. / 봄이 되면 꽃이 핀다.

② 가치 판단: 개인의 주관적 판단으로, 같은 상황과 문제를 보는 개인별 관점이 다름
> 예 눈이 내리니 좋다. 눈이 내리니 싫다. / 꽃향기가 좋다. 꽃향기가 싫다.

(2) 도덕 판단과 도덕 원리
① 도덕 판단: 사람의 인품과 행동에 대해 내리는 판단으로, '바르다', '그르다'로 구별됨
> 예 지효는 착하다. / 동물을 동물원에 가두는 것은 옳지 않다.

② 도덕 원리: 도덕적 문제 상황에서 도덕 판단을 내리는 기준
> 예 거짓말을 하면 안 된다. / 법을 어기는 행동은 옳지 않다.

╋ 도덕 판단

가치 판단 중에서 도덕적 문제에 대해 도덕적 관점에서 내리는 판단이다.

2. 도덕적 추론

(1) 의미
도덕적 문제 상황에서 도덕 원리와 사실 판단을 근거로 도덕 판단을 내리는 것

☆(2) 과정: 도덕 원리 → 사실 판단 → 도덕 판단(삼단 논법의 형식)

도덕 원리(대전제)	다른 사람에게 피해를 주는 것(A)은 옳지 않다(B).
사실 판단(소전제)	소리를 지르는 것(C)은 주변 사람들에게 피해를 주는 행동(A)이다.
도덕 판단(결론)	소리를 지르는 것(C)은 옳지 않다(B).

> 참고 도덕 원리의 결론과 도덕 판단의 결론은 동일하다.

╋ 삼단 논법

대전제와 소전제를 근거로 하나의 결론을 이끌어 내는 추론 방법이다.

대전제	모든 사람은 죽는다.
소전제	소크라테스는 사람이다.
결론	소크라테스는 죽는다.

3. 비판적 사고

(1) 의미
도덕 판단의 과정이 논리적이고 제시된 근거가 올바른지 따져 보는 것

(2) 사실 검사
① 의미: 사실 판단의 근거로 제시한 자료가 객관적이고 신뢰 가능한지 확인
② 검사 방법: 해당 기관 방문, 증빙 서류 확인, 전문가 의견 참고, 객관적 증거 확인

(3) 도덕 원리 검사
① 의미: 누구나 받아들일 수 있는 보편적인 기준인지 확인
② 검사 방법

검사 방법	내용
역할 교환 검사	다른 사람과 입장을 바꾸어서 도덕 원리가 타당한지 판단하는 방법 예 내가 약속을 어길 때의 입장과 상대방이 약속을 어길 때의 입장을 비교해 본다.
보편화 결과 검사	문제의 도덕 원리를 모든 사람이 채택했을 때 나타날 결과를 생각해 보는 방법 예 모든 사람이 자신의 욕구를 따른다면, 서로의 욕구가 부딪혀서 갈등이 발생할 것이다.
반증 사례 검사	반대되는 사례를 제시하여 적절하지 않다는 것을 지적하는 방법 예 누구나 좋아하는 것을 할 수 있어야 한다. 그렇다면 마약과 폭력도 허용될 수 있을까?
포섭 검사	더 큰 범주의 기준을 생각해 보고 판단하는 방법 예 표절을 하는 것은 도둑질을 하는 것과 같다.

🔍 꼼꼼 단어 돋보기

● 추론
생각해서 논함

1. 어떤 물건을 보고 '멋지다.' 또는 '멋지지 않다.'로 판단하는 것을 사실 판단이라고 한다. (O, X)
2. 도덕 판단의 기준이 되는 보편적인 도덕 판단의 기준을 _____(이)라고 한다.

답 1. X 2. 도덕 원리

4 도덕적 성찰

1. 도덕적 성찰의 의미와 필요성

(1) 의미
도덕적 관점에서 자신의 마음과 삶을 살펴보고 바람직하게 살기 위한 구체적 방법을 찾는 것

(2) 필요성
① 개인적 측면
- 사람의 불완전성: 사람은 불완전하여 잘못을 저지르기 쉬움
- 도덕적 삶의 영위: 잘못을 개선하고 줄일 수 있어 도덕적으로 더 나은 사람이 될 수 있음

참고 도덕적 성찰을 통해 인격과 성품이 성숙해질 수 있다.

② 사회적 측면
- 도덕적인 삶을 사는 개인이 모여 도덕적인 사회가 만들어질 수 있음
- 사회 문제를 발견하고 이를 개선하기 위해 노력하면서 더 나은 사회를 만들 수 있음

2. 도덕적 성찰의 방법

(1) 전통적인 방법
① 유교의 '경(敬)': 옳은 마음과 행동에 집중하는 것
② 불교의 '참선(參禪)': 욕심을 버리고 맑은 마음에 집중하는 것

(2) 일상적인 방법
① 성찰하는 글쓰기: 성찰 일기 쓰기, 편지 쓰기, 덕목 점검표 쓰기를 통해 성찰함
② 좌우명 활용하기: 삶의 지침을 정하고 따르면서 성찰함
③ 기타: 명상하기, 독서하기, 음악 듣기, 여행하기 등을 통해 실천함

➕ 동서양의 사상가들이 바라본 성찰

- "성찰하지 않는 삶은 살 가치가 없다." – 소크라테스 –
- "매일 반성하라. 잘못이 있으면 고치고, 없으면 더 반성해 보라." – 주희 –
- "남을 돕는 데 정성을 쏟았는가? 친구와 교제하는 데 신의를 다하였는가? 스승이 알려주신 것을 익히고 실천하였는가?"(일일삼성) – 증자 –
- "잘못을 고치지 않는 것. 그것이 잘못이다. 잘못을 고치는 것을 꺼려서는 안 된다." – 공자 –

🔍 꼼꼼 단어 돋보기

● 인격
사람으로서의 품격

● 성품
사람의 됨됨이

1. 도덕적 성찰을 통해 더 나은 사람이 될 수 있다. (O, X)
2. "성찰하지 않는 삶은 살 가치가 없다."라며 성찰의 의미를 강조한 사람은 _____이다.

답 1. O 2. 소크라테스

01 아리스토텔레스와 공자가 공통으로 강조하는 태도로 가장 적절한 것은?

> • "한 마리 제비가 왔다고 해서 봄이 온 것은 아니다."
> – 아리스토텔레스 –
> • "타고난 본성은 비슷하지만 습관에 의해서 달라진다."
> – 공자 –

① 자연 현상을 잘 관찰하여야 한다.
② 도덕적 문제에 관심을 가져야 한다.
③ 올바른 행동을 꾸준히 실천하여야 한다.
④ 자기가 하고 싶은 것은 하고 살아야 한다.

02 ㉠에 들어갈 말로 가장 적절한 것은?

> 도덕적인 지식이 많아도 (㉠)이/가 없으면 도덕적 행동을 하기가 쉽지 않다.

① 도덕적 판단
② 도덕적 사고
③ 도덕적 실천 의지
④ 도덕적 행동 양식

03 다음 대화에 해당하는 도덕적 가치는?   2019년 2회

굶주림으로 고통받는 아이들을 보니 불쌍해서 눈물이 나.

그것은 네가 아이들의 감정을 함께 느끼기 때문이야.

① 자유
② 욕구
③ 공감
④ 준법

04 ㉠에 들어갈 용어로 적절한 것은?   2020년 1회

> 〈   〉
>
> ○ 의미: 자신의 도덕적 결정과 행동이 자신과 타인에게 미치는 영향을 이해하고 느끼는 것
> ○ 구성 요소: 공감, 도덕적 민감성, 행위 결과 예측

① 도덕적 해이
② 도덕적 강제력
③ 도덕적 상상력
④ 도덕적 불감증

05 도덕적 상상력을 키우기 위한 노력으로 적절하지 <u>않은</u> 것은?

① 자신의 입장만 생각한다.
② 도덕적 문제 상황에 관심을 가진다.
③ 도덕적 문제를 여러 측면에서 검토한다.
④ 자신의 행동이 어떤 결과를 낳을지 생각해 본다.

06 다음 그림 카드를 보고 반응한 ㉠, ㉡에 대한 설명으로 옳은 것은?

㉠ 나비의 색은 노란색이다.
㉡ 나비의 날갯짓이 우아하다.

① ㉠은 가치 판단이다.
② ㉡은 사실 판단이다.
③ ㉠, ㉡ 모두 사실 판단이다.
④ ㉠은 사실 판단, ㉡은 가치 판단이다.

07 도덕 추론의 구성 요소로 옳지 않은 것은?   2017년 1회

① 고정 관념
② 도덕 원리
③ 도덕 판단
④ 사실 판단

08 ㉠에 들어갈 문장으로 가장 적절한 것은?

• 도덕 원리: (㉠   )
• 사실 판단: 마트에서 계산하지 않은 물건을 가방에 집어넣는 것은 도둑질이다.
• 도덕 판단: 마트에서 계산하지 않은 물건을 가방에 집어넣는 것은 옳지 않다.

① 도둑질은 옳지 않다.
② CCTV 설치를 권장해야 한다.
③ 계산하고 가방에 넣어야 한다.
④ 물건의 가격을 잘 표시해야 한다.

09 다음에 적용된 도덕 원리 검사 방법은?

거리에 쓰레기를 버리면 안 돼. 모든 사람이 거리에 쓰레기를 버린다고 생각해 봐.

① 포섭 검사
② 반증 사례 검사
③ 역할 교환 검사
④ 보편화 결과 검사

10 도덕적 성찰이 필요한 이유를 〈보기〉에서 모두 고른 것은?

보기

ㄱ. 바람직한 삶을 계획할 수 있다.
ㄴ. 같은 실수를 기억하고 반복하게 해 준다.
ㄷ. 인간의 불완전함을 개선할 수 있게 해 준다.
ㄹ. 자신의 잘못을 합리화하면서 덮을 수 있게 한다.

① ㄱ, ㄷ
② ㄱ, ㄹ
③ ㄴ, ㄷ
④ ㄷ, ㄹ

03 자아 정체성

1 나는 누구인가

1. 자아의 의미

(1) 의미

자기 스스로에 관해 고민하고 알아가는 과정에서 깨닫게 되는 자신의 참된 모습

(2) 개인적 자아

① 의미: 신체적 특징, 성격, 능력 등 개인의 특성을 바탕으로 깨닫게 되는 자신의 모습
② 찾는 방법: 스스로 자신의 취향, 소망, 능력, 가치관 등을 확인해 보기

(3) 사회적 자아

① 의미: 사회 속에서의 역할과 의무 등 사회 구성원으로서 이해하는 자신의 모습
② 찾는 방법: 다른 사람이 표현해 주는 나의 모습과 사회적 역할을 확인해 보기

참고 개인적 자아와 사회적 자아를 조화롭게 이해할 수 있어야 자신을 더욱 객관적으로 파악할 수 있다.

2. 자아 정체성의 의미와 중요성

(1) 의미

① 변화하는 자신의 모습을 이해하고 그 모습이 자신의 모습이라고 인식하는 것
② 스스로를 다른 사람과 구별되는 고유한 존재로 여기는 것

(2) 중요성

① 자신의 존재를 객관적으로 인식하고 미래를 불안해하지 않음
② 자신의 사회적 역할을 인식하고 그에 대한 책임감을 느낌
③ 자기 삶을 소중하게 여기고 더 나은 자아의 모습을 형성하기 위해 노력함

3. 도덕적 자아 정체성의 의미와 역할

(1) 의미

도덕적 관점에서 자신을 평가하고 도덕적 행동을 하게 해 주는 바람직한 자아 정체성

(2) 역할

① 도덕적 문제 상황에서 도덕적 행동의 원동력이 됨
② 스스로 세운 도덕적 가치와 기준을 실천하게 만듦

참고 자신의 과거와 현재의 모습을 성찰하고 미래의 도덕적인 모습을 상상하면서 도덕적 자아 정체성을 형성하기 위해 노력해야 한다.

콕콕 개념 확인하기

1. 사회 속에서 내가 어떤 역할을 수행하는지 아는 것을 개인적 자아라고 한다. (O, X)
2. _____(이)란 다른 사람과 구별되는 고유한 존재로 자신을 명확하게 인식하는 것이다.

답 1. X 2. 자아 정체성

✚ 자아에 대한 다양한 이해와 표현

- "자아는 이드(Id), 자아(Ego), 초자아(Super Ego)로 구별됨"
  – 프로이트 –
- "너 자신을 알라."
  – 소크라테스 –
- "나는 생각한다. 그러므로 존재한다."
  – 데카르트 –

🔍 꼼꼼 단어 돋보기

● 가치관

삶에서 더 중요하게 여기는 것이 무엇인지 판단하는 관점

2 내가 존경하는 도덕적 인물

1. 도덕적 인물의 필요성과 선정 기준

(1) 필요성

① 어떻게 살아가야 하는지를 구체적으로 보여 줌

② 도덕적 인물의 모습에 비추어 자신의 행동을 반성하게 됨

③ 도덕적 인물의 삶을 통해 자신의 미래상을 그려볼 수 있음

④ 도덕적 정체성을 형성하는 데 도움을 줌

(2) 선정 기준

① 보편적 가치 추구: 사랑, 정의 등 모든 사람이 옳다고 인정하는 가치를 추구하는 사람

② 도덕적 신념 실천: 어려움이 있어도 도덕적 신념을 실천하기 위해 자신의 행동이나 생각을 쉽게 바꾸지 않는 사람

③ 삶의 방향 제시: 자신이 지향하는 삶의 모습과 일치하는 사람

④ 이타적인 삶 추구: 다른 사람을 배려하는 삶을 사는 사람

2. 도덕적 인물을 본받기 위한 노력

(1) 도덕적 인물 찾기

① 도덕적 모범으로 삼을 수 있는 도덕적 인물을 찾아봄

> 예 역사 속 위인, 주변인, 대중 매체 속 등장인물 등

② 도덕적 행동을 실천하는 사람이라면 누구나 도덕적 인물이라고 할 수 있음

> 예 사회적 약자를 돕는 인권 변호사, 어려운 이웃을 위해 봉사하는 미용사 등

(2) 도덕적 인물의 일생 조사하기

① 존경하는 도덕적 인물의 일생을 조사해 봄으로써 그가 본받을 만한 인물인지 파악해 봄

② 다양한 형태의 자료를 활용하여 도덕적 인물이 겪은 중요 사건을 정리해 봄

③ 특정 부분만을 기준으로 판단하지 말고 삶을 전반적으로 살펴본 뒤 판단해야 함

☆(3) 나의 도덕적 자아 정체성 찾기

① 도덕적 인물의 삶을 이해하고 자신의 삶에 적절히 적용하기 위해 고민함

② 도덕적 인물의 삶과 자신의 삶을 비교하고 부족한 부분을 찾아 개선함

③ 문제 상황에서 도덕적 인물이라면 어떻게 행동했을지를 상상해 보고 행동함

＋ 도덕적 인물의 예
- 법정 스님
- 이순신 장군
- 유관순 열사
- 테레사 수녀

콕콕 개념 확인하기

1. 사회적으로 크게 성공한 사람만이 본받을 만한 도덕적 인물이라고 할 수 있다. (O, X)
2. 도덕적 인물을 선정할 때는 특정한 행위만을 기준으로 판단해야 한다. (O, X)
3. 훌륭한 인물을 본받기 위해 노력하는 것은 도덕적 자아 정체성을 형성하는 데 도움이 된다.
   (O, X)

답 1. X 2. X 3. O

3 나의 신념은 무엇인가

1. 신념

(1) 의미
자신이 옳다고 여기는 것을 굳게 믿는 마음

(2) 역할
① 자신의 행동과 삶의 기준이 됨
② 자신뿐만 아니라 타인과 사회에도 영향을 미칠 수 있음
③ 어떤 행동을 하도록 하는 실천 의지가 됨

2. 잘못된 신념

(1) 의미
보편적 가치에 어긋나거나 비합리적인 신념

⑩ 인종 차별, 성차별, 외모 지상주의, 물질 만능주의 등

(2) 문제점
① 한쪽으로 치우친 편협한 사고를 만듦
② 자신의 삶을 옳지 않은 방향으로 이끌 수 있음
③ 다른 사람과 사회에 피해를 줄 수 있음

3. 도덕적 신념

(1) 의미
도덕적으로 옳다고 여기는 것을 굳게 믿는 마음

☆(2) 역할
① 도덕적인 삶을 살게 함
② 사회의 •불합리함을 개선하게 함
③ 욕구를 조절하고 도덕적으로 행동하게 함
④ 어려운 상황 속에서도 올바른 일을 하게 하는 의지를 줌

(3) 조건
① 누구에게나 적용할 수 있는 보편적 가치가 담겨 있어야 함
⑩ 인간 존엄성, 자유, 평등, 정의 등
② 자신과 다른 사람, 사회에 좋은 영향을 미칠 수 있어야 함

콕콕 개념 확인하기

1. 개인의 신념은 타인과 사회에 영향을 미치지 않는다. (O, X)
2. 도덕적으로 옳다고 굳게 믿는 마음을 _____(이)라고 한다.

답 1. X 2. 도덕적 신념

🔍 꼼꼼 단어 돋보기

● 불합리
이론이나 이치에 합당하지 않음

탄탄 실력 다지기

정답과 해설 4쪽

01 다음에서 설명하는 용어는?　　　　2021년 1회

> 자신의 목표, 역할, 가치관 등을 통합적으로 이해하여 내가 누구인가를 일관되게 인식하는 것

① 가치 전도
② 자아 정체성
③ 도덕적 민감성
④ 도덕적 상상력

02 도덕적 자아상 확립을 위한 노력으로 적절한 것은?
2020년 1회

① 훌륭한 사람의 인격을 본받고자 한다.
② 자신에게 주어진 역할과 책임을 외면한다.
③ 타인에게 보여지는 자신의 모습만을 중시한다.
④ 나와 다른 생각을 무시하고 독단적으로 행동한다.

주목

03 자아 정체성이 형성되기 어려운 사람은?

① 자신이 좋아하는 것을 알려고 하는 사람
② 다른 사람이 시키는 것은 무조건 하는 사람
③ 자신의 사회적 역할과 의무를 고민하는 사람
④ 자신이 잘하는 일이 무엇인지 궁금해하는 사람

04 자아 정체성에 대한 설명으로 가장 적절한 것은?

① 태어나면서부터 형성된다.
② 자신을 고유한 존재로 인식하는 것이다.
③ 모든 사람이 올바른 자아 정체성을 형성한다.
④ 변화하지 않는 자신의 모습을 고집하는 것이다.

05 도덕적 인물에 관한 설명으로 적절하지 않은 것은?

① 유명인만 해당한다.
② 올바른 신념을 추구한다.
③ 삶의 본보기로 삼을 수 있다.
④ 보편적 가치를 추구하는 데 헌신한다.

06 본받을 만한 인물로 적절하지 <u>않은</u> 사람은?

① 사기를 통해 돈을 번 사업가
② 사회적 약자를 변호하는 변호사
③ 양로원에서 미용 봉사를 하는 미용사
④ 매달 고아원에 빵을 나눠 주는 제빵사

07 도덕적 인물이라고 볼 수 있는 사람은?

① 본인의 삶에만 관심을 갖는 사람
② 보편적인 가치를 추구하는 사람
③ 사회적·경제적 지위가 높은 사람
④ 자신의 명예를 위해 일하는 사람

주목
08 다음 일기에서 도덕적 인물을 통해 얻게 되는 의미는?

> ○월 ○일 ○요일
> 나는 빨리 집에 가고 싶은 마음에 울고 있는 아이를 외면하였다. 반면에 옆에 있던 아주머니는 아이를 경찰서까지 데려다주었다. 그 모습을 보니 부끄러운 마음이 들었고 나도 다음부터는 그분처럼 어려움에 처한 사람을 도와줘야겠다고 생각하였다.

① 스스로 반성할 기회를 준다.
② 비교하며 열등감을 느끼게 한다.
③ 경찰관의 순찰 시간을 늘려야 한다.
④ 아이들에게 길 찾는 방법을 교육해야 한다.

09 잘못된 신념에 대한 설명으로 적절하지 <u>않은</u> 것은?

① 도덕적 행동의 기준이 된다.
② 한쪽으로 치우친 사고를 만든다.
③ 다른 사람에게 피해를 줄 수 있다.
④ 삶을 옳지 않은 방향으로 이끌 수 있다.

10 도덕적 신념의 역할로 옳지 <u>않은</u> 것은?   2018년 2회

① 반드시 물질적 손해를 입힌다.
② 주변의 부당한 요구를 극복하게 한다.
③ 보다 가치 있는 삶의 방향을 제시해 준다.
④ 어려움에도 꿋꿋하게 도덕적 행동을 실천하게 한다.

04 삶의 목적

1 내가 추구하는 가치

1. 가치의 의미와 종류

(1) 의미

소중하게 생각하여 얻고자 노력하는 대상

(2) 종류

① 정신적 가치와 물질적 가치: 형태에 따라 구별

정신적 가치⁺	인간의 정신 활동을 통해 얻을 수 있는 가치 예 학문(진), 도덕(선), 예술(미), 종교(성)와 관련 있는 것들
물질적 가치	여러 가지 물질과 이를 통해서 얻는 만족감 예 옷, 음식, 집 등

② 본래적 가치와 도구적 가치: 쓰임에 따라 구별

본래적 가치 (목적적 가치)	그 자체로 소중하고 목적이 되는 가치 예 사랑, 우정, 행복, 생명 등
도구적 가치 (수단적 가치)	다른 목적을 이루기 위한 수단으로서의 가치 예 음식을 먹기 위한 숟가락, 잠을 자기 위한 침대 등

③ 보편적 가치: 많은 사람이 소중하다고 여기고 일반적으로 추구하는 가치

예 평등, 자유, 정직, 정의, 인간 존중 등

+ 정신적 가치의 종류

진	궁금한 것을 책을 통해 알려고 노력하는 것
선	다른 사람을 배려하는 것
미	아름다움을 표현하는 것
성	종교의 가르침을 실천하는 것

2. 내가 추구해야 할 가치

(1) 삶과 가치

① 사람들은 저마다 다양한 가치를 추구하며 살고 있음

② 가치에도 서열이 있으며 어떤 가치를 선택하느냐에 따라 삶이 모습이 달라짐

(2) 바람직한 가치

① 본래적 가치: 도구적 가치보다 그 자체가 목적이 되는 본래적 가치

② 지속적 가치: 일시적인 가치보다 오래 지속되는 가치

③ 많은 사람이 누릴 수 있는 가치: 많은 사람과 나누어도 줄어들지 않는 가치

+ 가치 전도 현상

가치 전도 현상은 높은 가치보다 낮은 가치를 추구하는 것을 말한다. 본래적 가치보다 도구적 가치를 추구하거나 지속적 가치보다 일시적 가치를 추구하는 것이 가치 전도에 해당한다.

콕콕 개념 확인하기

1. 네 가지로 대표되는 정신적 가치에는 _____이/가 있다.
2. 높은 가치보다 낮은 가치를 추구하는 것을 _____ 현상이라고 한다.
3. 정신적 가치와 본래적 가치보다 물질적 가치와 도구적 가치가 더 중요하다. (O, X)

답 1. 진선미성 2. 가치 전도 3. X

꼼꼼 단어 돋보기

● 수단

어떤 목적을 이루기 위한 방법 또는 도구

2 내 삶의 목적

1. 삶의 목적의 의미와 중요성

(1) 의미

우리가 살아가면서 이루고자 하는 일이나 삶의 방향

⭐(2) 중요성

① 올바른 삶의 방향을 제시해 줌

② 다른 사람과 사회에 긍정적인 영향을 줄 수 있음

③ 삶의 의미를 깨닫고 스스로를 되돌아볼 수 있게 함

④ 목적 없는 삶은 시간 낭비와 후회를 유발할 수 있음

⑤ 어려움에 부딪쳤을 때 포기하지 않고 극복하게 해 주는 원동력이 됨

2. 바람직한 삶의 목적 설정

(1) 목적 설정 시 고려할 점

① 근본적인 목적: 그 자체로 의미 있고 소중히 여길 수 있는 것이어야 함

② 자아실현: 자신이 좋아하는 것, 잘할 수 있는 것이어야 함

③ 사회 공헌: 나뿐만 아니라 다른 사람이나 사회에도 도움을 줄 수 있어야 함

(2) 삶의 목적을 실천하기 위한 노력

① 구체적인 목표를 정하고 실천하기

> **예** 사회에 선한 영향력을 많이 주는 것을 삶의 방향으로 삼았다면, 이를 이루기 위해 어디에서 얼마나 봉사 활동을 할 것인지 등 구체적인 목표를 세워서 실천해 나가야 한다.

② 삶의 방향과 노력이 바람직한지 지속해서 확인하기

콕콕 개념 확인하기

1. 주변인의 지시에 따라 삶의 목적을 설정해야 안전하다. (O, X)
2. 삶의 목적이 설정되어 있으면 어려움을 마주하더라도 극복하기 쉽다. (O, X)
3. 사회에 선한 영향을 줄 수 있는 방향으로 삶의 목적을 설정하는 것이 바람직하다. (O, X)

답 1. X 2. O 3. O

---

3 도덕 공부의 진정한 의미와 목적

1. 공부의 의미와 필요성

(1) 의미

① 좁은 의미: 삶과 관련된 모든 학문과 기술을 배우고 익히는 것

② 넓은 의미: 인격을 갈고닦아 완성해 가는 수양의 과정

(2) 필요성

① 이치에 맞는 삶의 방향을 정하게 해 줌

② 삶과 관련된 유용한 지식을 습득할 수 있음

③ 자신이 원하는 학교로의 진학이나 직업을 준비할 수 있음

➕ 공부에 대한 다양한 관점

• "배우기만 하고 생각하지 아니하면 이치에 어둡고, 생각만 하고 배우지 아니하면 독단에 빠져 위험하다."　– 공자 –
• "공부를 그저 출세의 수단으로만 여겨서는 공부도 잃고 나도 잃는다."　– 정약용 –
• "사람이 이 세상에 태어나 학문을 하지 않으면 사람다운 사람이 되기 어렵다." – 이이 –

🔍 꼼꼼 단어 돋보기

● 이치
도리에 맞는 취지

2. 도덕[+]공부의 의미와 필요성

(1) 의미

사람의 올바른 도리와 가치를 습득하고 바른 인격을 형성해 나가는 과정

(2) 필요성

① 인격 형성: 자신의 삶을 반성하며 올바른 인격을 형성할 수 있음

② 가치 판단: 옳고 그름을 판단하고 도덕적인 것과 비도덕적인 것을 구별할 수 있음

③ 삶의 목적 확립: 올바른 가치관에 따라 바람직한 삶의 목적을 설정할 수 있음

☆3. 도덕 공부의 방법

① 도덕적 지식 습득: 도덕 수업이나 선조들이 남긴 자료를 읽으며 지식을 습득할 수 있음

② 도덕적 실천: 아는 것에서 그치지 않고 실천으로 옮겨야 함

③ 도덕적 성찰: 자신의 일상을 되돌아보는 과정(반성, 성찰)에서 이루어짐

＋도덕의 의미
- 도(道): 사람이 마땅히 행해야 할 도리
- 덕(德): 올바르게 살아갈 수 있는 인격적 능력

콕콕 개념 확인하기

1. 공부는 책을 통해서만 새로운 것을 익히는 과정이다. (O, X)
2. 성찰을 통한 도덕 공부는 어제의 나보다 오늘의 나를 더 바람직하게 성장시켜 준다. (O, X)
3. 도덕 공부는 배운 것을 실천으로 옮기려고 노력해야 의미가 있다. (O, X)

답 1. X 2. O 3. O

01 정신적 가치에 해당하는 것은?

① 명품 옷
② 스포츠카
③ 진선미성
④ 고급 주택

02 다음 중 그 자체로서 목적이 되는 궁극적인 가치는?

2015년 1회

① 본래적 가치
② 도구적 가치
③ 수단적 가치
④ 조건적 가치

주목
03 다음에서 비판하는 현상은?

> 본래 집은 휴식을 취하고 애정을 나누며 외부로부터 가족 구성원을 안전하게 보호해 주는 공간이다. 그러나 현대 사회에서는 집이 돈을 벌기 위한 수단으로 부각되고 있다.

① 가치 전도
② 개인 존중
③ 가치 투자
④ 가족 단합

04 다음 장래 희망에서 찾을 수 있는 가치는?

나는 나중에 구체적으로 어떤 직업을 가질지는 모르겠지만 어려운 사람을 도와주는 사람이 되고 싶어.

① 물질적 가치
② 보편적 가치
③ 도구적 가치
④ 경제적 가치

05 바람직한 가치 추구에 대한 설명으로 옳지 <u>않은</u> 것은?

① 도구적 가치를 추구해야 한다.
② 그 자체가 목적이 되는 가치를 추구해야 한다.
③ 만족감이 오래 지속되는 가치를 추구해야 한다.
④ 사람들과 함께 나누어도 줄어들지 않는 가치를 추구해야 한다.

06 ⍰에 들어갈 말로 가장 적절한 것은?

> (⍰)은/는 자신이 이루고자 하는 일이나 삶의 방향을 의미한다.

① 풍요
② 행복
③ 삶의 목적
④ 자아 정체성

08 다음 설명에 해당하는 것은? 2019년 2회

> • 우리의 삶과 관련된 모든 학문과 기술을 배우고 익히는 것을 아우르는 말
> • 인격을 갈고닦아 완성해 가는 수양의 과정

① 흥미
② 놀이
③ 공부
④ 휴식

09 도덕 공부의 올바른 목적을 〈보기〉에서 고른 것은?

2021년 1회

> 보기
> ㄱ. 타율적인 사람이 되기 위함
> ㄴ. 올바른 인격을 형성하기 위함
> ㄷ. 경제적 이익만을 추구하기 위함
> ㄹ. 바람직한 삶의 목적을 설정하기 위함

① ㄱ, ㄴ   ② ㄱ, ㄷ
③ ㄴ, ㄹ   ④ ㄷ, ㄹ

07 삶의 목적을 세울 때 고려해야 할 점으로 옳지 <u>않은</u> 것은?

① 자신의 성장에 도움이 되어야 한다.
② 순간적인 쾌락을 얻을 수 있어야 한다.
③ 그 자체로 추구할 만한 목적이어야 한다.
④ 다른 사람에게도 긍정적인 영향을 줄 수 있어야 한다.

주목

10 진정한 도덕 공부의 의미에 해당하지 <u>않는</u> 것은?

① 바람직한 가치가 무엇인지 알고 실천하는 것
② 자신의 삶을 반성하며 개선하려고 노력하는 것
③ 사람으로서 반드시 해야 하는 도리를 익히는 것
④ 부자가 되는 지식을 학습하고 기술을 습득하는 것

05

행복한 삶

1 행복이란 무엇인가

1. 행복의 의미와 조건

☆(1) 의미

일상에서 충분한 만족감이나 즐거움을 느끼는 상태

(2) 조건[+]

정신적 조건 (주관적 조건)	• 사랑, 보람, 성취감 등 • 행복을 느끼는 데 큰 영향을 미침
물질적 조건 (객관적 조건)	• 물질적 욕구를 채울 수 있는 음식, 돈, 옷, 집 등 • 최소한의 물질적 욕구를 채우지 못하면 행복을 느끼기 어려움

2. 진정한 행복의 특징

① 일시적이지 않고 지속적임
② 도덕적인 삶 속에서 얻을 수 있음
③ 자아실현의 과정에서 느낄 수 있음
④ 정신적인 즐거움과 풍요로움이 중요함
⑤ 주어진 삶에서 감사함을 가질 때 느껴짐
⑥ 자신의 삶뿐만 아니라 사회의 행복에 기여함
⑦ 사회의 행복을 통해 개인의 행복이 함께 이루어짐

3. 행복을 얻기 위한 자세

① 정신적 가치를 추구해야 함[+]
② 올바른 삶의 목적을 정하고 실천하는 의지를 지녀야 함
③ 자신의 삶을 긍정적으로 바라보는 마음가짐을 지녀야 함

4. 행복과 도덕의 관계

① 도덕적 선택과 행위는 행복과 관련이 있음
② 도덕적인 삶은 행복을 결정하는 중요한 요소임

＋ 행복의 조건

정신적 조건(주관적 조건)과 물질적 조건(객관적 조건)이 적절히 조화롭게 충족되어야 한다. 돈, 집, 옷 등 물질적 조건을 완벽하게 갖추었더라도 마음속에 분노, 슬픔 등이 가득하다면 행복한 삶이라고 할 수 없다.

＋ 행복에 대한 다양한 관점

• "이성(바르게 판단하는 능력)에 따라 사는 것. 우리 삶의 궁극적인 목적이 행복임"
　　　　－ 아리스토텔레스 －
• "육체적 고통을 제거하고 필요하지 않은 욕구를 충족하려 애쓰지 않으면서 쾌락을 얻는 것"　　－ 에피쿠로스 －
• "일정 수준의 성공과 소득에 도달하면 더 이상 행복감이 커지지 않음"
　　　　－ 이스털린의 역설 －

＋ 쾌락의 역설

감각적 즐거움만을 지나치게 추구할 경우 즐거움보다 고통이 오히려 증대되는 상황을 의미한다.

---

1. 아리스토텔레스는 인간 삶의 궁극적인 목적을 _____(이)라고 하였다.
2. 개인의 진정한 행복은 공동체의 행복에 기여할 수 있다. (O, X)
3. 순간적이고 자극적인 즐거움은 진정한 행복이라고 할 수 없다. (O, X)

답　1. 행복　2. O　3. O

🔍 꼼꼼 단어 돋보기

● 자아실현

스스로 원하던 자신의 모습을 완성하는 것

2 행복한 삶을 위한 좋은 습관

1. 습관의 의미와 특징
(1) 의미

오랫동안 되풀이해서 익숙해진 행동이나 생각

(2) 특징

쉽게 바꿀 수 없고 의식하지 않아도 하게 됨

2. 좋은 습관의 중요성과 기르기 위한 방법
(1) 중요성⁺

① 삶의 목적을 이루는 데 더 수월해짐

② 바람직한 행동을 의식하지 않고 하게 함

③ 훌륭한 인품을 갖추게 되어 도덕적인 삶을 살게 함

④ 다른 사람과 사회에 긍정적인 영향을 줄 수 있음

☆(2) 행복을 위한 좋은 습관을 기르는 방법

① 목표 설정
- 실현 가능성을 높이기 위해 구체적인 목표를 설정해야 함
- 자신뿐만 아니라 모두에게 도움이 되는 방향으로 목표를 설정해야 함
- 행복한 삶을 사는 사람을 찾아 그 사람의 습관을 따라 하는 것도 방법임

② 자기 성찰
- 자신의 가치, 삶의 목적을 행복에 비추어 깊이 성찰해야 함
- 자신의 행동을 점검하여 잘한 일은 강화하고 잘못한 일은 반복하지 않도록 해야 함

③ 반복 실천
- 목표를 설정했다면 그에 맞는 행위를 일상에서 직접 실천해야 함
- 자신의 결심을 주변에 알리거나 잘 보이는 곳에 적어 두고 실천 의지를 강화함
- 좋은 습관을 실천하면 좋은 사람이 될 수 있고 행복감이 높아짐

+ 공자가 말하는 습관의 중요성

공자는 인간의 타고난 본성은 비슷하지만 습관에 따라 차이가 생긴다고 보았다.

+ 아리스토텔레스가 말하는 행복과 습관

아리스토텔레스는 행복을 우리 삶의 궁극적 목적으로 보았다. 그는 행복하기 위해서는 덕을 쌓아야 한다고 보았는데, 덕은 한순간에 이루어지는 것이 아니므로 지속적인 습관을 통해 몸에 배이도록 할 것을 강조하였다. 또한 지나치거나 모자라지 아니하고 어느 한쪽으로 치우치지도 않는 중용의 자세를 강조하였다.

콕콕 개념 확인하기

1. 좋은 습관은 쉽게 만들어진다. (O, X)
2. 좋은 습관을 기르기 위해서는 (구체적인, 추상적인) 목표를 설정해야 한다.
3. 좋은 습관은 훌륭한 사람으로 성장하는 토대가 된다. (O, X)

답 1. X   2. 구체적인   3. O

3 정서적 건강과 사회적 건강

1. 건강

(1) 건강의 의미
신체적·정서적·사회적으로 완전히 안녕한 상태

(2) 행복과 건강[+]
건강은 행복한 삶의 가장 기본적 조건임

(3) 건강의 유형
① 신체적 건강
- 몸이 일상생활을 하는 데 지장이 없는 상태
- 최선의 신체적 능력을 발휘할 수 있는 상태

② 정서적 건강
- 마음을 긍정적이고 편안하게 유지할 수 있는 상태
- 다른 사람의 감정을 이해하고, 자신의 감정을 잘 조절할 수 있는 상태

③ 사회적 건강
- 다른 사람들과 원만한 관계를 유지하고, 사회적 역할을 하기에 바람직한 상태
- 원활한 의사소통을 통해 갈등을 해결하고, 다른 사람과 도움을 주고받는 상태

2. 정서적 건강과 사회적 건강을 가꾸는 방법

(1) 정서적 건강을 위한 노력
① 회복 탄력성 높이기
② 자신을 사랑하고 존중하는 태도 가지기 예 남과 비교하지 않기
③ 작은 일에도 감사하는 마음 표현하기
④ 긍정적인 마음을 가지고 불쾌한 감정과 부정적 감정 조절하기

(2) 사회적 건강을 위한 노력
① 원만한 의사소통을 위해 노력하기
② 다른 사람의 잘못을 너그럽게 용서하기
③ 다른 사람을 존중하는 마음을 가지고 배려하기

> **★ 행복한 삶을 위해 건강을 강조한 사상가들**
> - "신체적 건강과 조화로운 마음의 상태가 행복한 삶을 사는 데 도움을 준다." – 플라톤 –
> - "신체의 고통을 최소화하고 정신적 평화를 추구해야 한다." – 에피쿠로스 –

콕콕 개념 확인하기

1. 진정한 행복을 위해서는 정신과 신체가 모두 건강해야 한다. (O, X)
2. 어려운 일을 극복하려는 마음의 힘을 _____(이)라고 한다.
3. 남과 비교하여 발생하는 질투는 건강한 삶을 살게 하는 원동력이다. (O, X)
4. 다른 사람과 갈등이 아예 발생하지 않는 것이 사회적 건강의 완벽한 상태이다. (O, X)

답 1. O 2. 회복 탄력성 3. X 4. X

> **꼼꼼 단어 돋보기**
>
> ● 회복 탄력성
> 어려운 일을 극복하려는 마음의 힘

01 다음에서 설명하는 개념으로 알맞은 것은?

> • 일상에서 느끼는 충분한 즐거움과 만족감
> • 아리스토텔레스가 말하는 우리 삶의 궁극적 목적

① 공감
② 행복
③ 윤리
④ 정의

03 다음 내용에서 알 수 있는 현상은?

> 스마트 기기를 이용해서 재미있는 동영상을 보는 게 즐겁다. 하지만 계속 보고 있으면 어느새 눈도 아프고 싫증이 나서 보던 것을 멈출 때가 있다.

① 행복의 역설
② 가치의 역설
③ 쾌락의 역설
④ 만족의 역설

04 ㉠에 공통으로 들어갈 용어는?

2019년 1회

> • (㉠)은/는 너무 지나치지도 않고 모자라지도 않는 덕이다.
> • 아리스토텔레스는 (㉠)의 덕을 습관화하여 실천하는 인간을 이상적 인간으로 보았다.

① 탐욕
② 용기
③ 무지
④ 중용

02 진정한 행복을 얻기 위한 삶으로 바람직하지 않은 것은?

2017년 1회

① 정신적 가치를 추구하는 삶
② 자아실현을 위해 노력하는 삶
③ 다른 사람들과 더불어 사는 삶
④ 감각적인 즐거움만을 추구하는 삶

05 좋은 습관을 기르기 위한 방법으로 적절하지 않은 것은?

① 자신의 행동을 성찰한다.
② 목표는 두루뭉술하게 설정한다.
③ 목표를 적어 두어 실천 의지를 강화한다.
④ 좋은 습관을 위한 행동을 반복하여 실천한다.

06 좋은 습관에 해당하지 <u>않는</u> 것은?

① 기분에 따라 제멋대로 행동한다.
② 일상에서 깨닫게 되는 일은 메모한다.
③ 위인들의 자서전을 읽고 배울 점을 찾는다.
④ 일기를 쓰면서 하루를 반성하는 시간을 보낸다.

08 ㉠, ㉡에 들어갈 알맞은 단어는?

> (㉠)적 건강은 몸의 상태가 적절하여 일상생활을 하는 데 지장이 없는 상태이고, (㉡)적 건강은 마음을 긍정적이고 편안하게 유지할 수 있는 상태이다.

	㉠	㉡
①	신체	정서
②	정서	신체
③	사회	신체
④	사회	정서

주목

09 ㉠에 공통으로 들어갈 말로 알맞은 것은?

> • 위인이나 영웅들은 (㉠)이/가 높아서 어려운 상황을 잘 극복한다.
> • 문제 상황을 마주쳤을 때 피하지 않고 적극적으로 해결하려는 (㉠)을/를 기르도록 해야 한다.

① 문제 해결력
② 위기 극복력
③ 기분 전환성
④ 회복 탄력성

주목

07 좋은 습관을 만드는 노력에 해당하는 것을 〈보기〉에서 모두 고른 것은?

> **보기**
> ㄱ. 고쳐야 할 행동은 한 번만 점검해 본다.
> ㄴ. 몸에 익숙한 행동은 편하기 때문에 계속한다.
> ㄷ. 바람직한 행동은 반복적으로 계속하도록 한다.
> ㄹ. 주변 사람의 바람직한 행동을 지속해서 따라 한다.

① ㄱ, ㄴ
② ㄴ, ㄷ
③ ㄴ, ㄹ
④ ㄷ, ㄹ

10 사회적 건강을 위한 노력으로 가장 적절한 것은?

① 회복 탄력성을 기른다.
② 매일 10분씩 달리기를 한다.
③ 다른 사람의 잘못을 용서한다.
④ 자신을 존중하는 태도를 기른다.

타인과의 관계 (1)

01

가정 윤리

1 가정의 의미와 갈등

1. 가정의 의미와 기능

(1) 의미

가족이 함께 살아가는 생활 공동체 또는 생활 공간

(2) 형태

① 사회 변동과 인식 변화에 따라 가정의 모습이 다양하게 나타남

② 가정의 형태: 핵가족, 한 부모 가정, 입양 가정, 조손 가정, 다문화 가정, 재혼 가정, 시설 가정, 무자녀 가정, 1인 가구 등

③ 전통 가정과 현대 가정의 모습 비교

전통 가정	• 3대 이상의 세대가 모여 사는 확대 가족의 형태가 많았음 • 가족의 의사 결정이 주로 남성 위주로 결정되는 가부장 중심의 성격이 강함
현대 가정	• 부모와 자녀 세대로 이루어진 핵가족 형태가 많음 • 가정의 많은 기능을 사회에서 대신 담당하는 경우가 많아짐

(3) 기능

개인적 차원	• 기본적인 의식주를 제공함 • 개인의 성격, 가치관 등에 영향을 미침 • 외부의 위험으로부터 가족 구성원을 보호함 • 가족 구성원 간의 친밀한 관계로 심리적 안정감을 줌
사회적 차원	• 사회 구성원을 출산하고 양육하여 사회가 유지되도록 함 • 다른 사람과 더불어 살아갈 때 필요한 예절과 규범을 다음 세대에 물려줌

2. 가정에서 발생하는 갈등

(1) 원인

① 이해와 배려의 부족

② 생각이나 가치관의 차이

③ 잘못된 의사소통 방법과 대화 부족

(2) 사례

부부 갈등	• 가치관, 성격, 성장 환경, 생활 습관의 차이로 갈등 발생 • 가사와 육아 분담 문제, 자녀 양육 방식, 부모님 부양 문제로 갈등 발생
부모 자녀 갈등	• 세대 차이, 경험 차이, 기대 차이, 의견 차이로 갈등 발생 • 바람직하지 않은 소통 방식, 진로 문제에 관한 의견 차이로 갈등 발생
형제자매 갈등	• 부모님의 사랑과 관심을 차지하기 위한 경쟁 • 태어난 순서에 따른 서열 문제로 갈등 발생

+ 가정

가정은 태어나서 처음으로 사회화가 이루어지는 곳으로, 가장 기초적인 사회화 기관이다. 우리는 가정을 통해서 언어와 예절 등 기본적인 사회적 행동을 배울 수 있다.

🔍 꼼꼼 단어 돋보기

● 가족

혼인, 혈연, 입양 등으로 맺어진 공동체와 그 구성원

● 한 부모 가정

부모 중 한 사람과 자녀로 구성된 가정

● 입양 가정

혈연관계가 아닌 법률적 관계로 맺어진 가정

● 조손 가정

조부모와 손주로 구성된 가정

● 다문화 가정

서로 다른 문화나 국적으로 구성된 가정

2 효의 의미와 가족 사이의 도리

1. 가족 간의 도리

(1) 부부의 도리
① 서로 배려하고 존중해야 함
② •양성평등을 실천하고 상호 보완해야 함
③ 상경여빈(相敬如賓): 서로 손님을 대하듯이 •공경함

(2) 부모와 자녀의 도리
① 자애(慈愛)와 효(孝)

자애	• 부모가 자녀에게 지켜야 할 도리 • 부모가 자녀에게 베푸는 헌신적이고 조건 없는 사랑
효	• 자녀가 부모에게 지켜야 할 도리 • 자녀가 부모의 은혜에 보답하고 공경하는 마음

☆② 효의 실천+
- 부모님께 예의 바르게 행동하기
- 자신의 역할을 잘 수행하고 바르게 행동하기
- 형제자매 간에 다툼 없이 잘 지내고 부모님께 걱정 끼쳐 드리지 않기
- 집안의 어른을 공경하듯 사회의 어른을 공경하는 마음 지니기
- 경제적 지원뿐만 아니라 몸과 마음의 정성을 다해 부모를 공경해야 함

참고 고령화 사회에서 효의 중요성이 더욱 강조된다.

+ 효의 실천 방법
옛날과 오늘날의 효는 근본정신은 같으나 실천 방법은 다를 수 있다.

(3) 형제자매의 도리
① 우애(友愛): 형제자매 사이에서 지켜야 할 도리로, 형제자매 간 정답게 협력하는 마음
② 형우제공(兄友弟恭): 형은 동생을 사랑하고 동생은 형을 공경함
③ 우애의 실천은 효를 실천하는 일이기도 함

2. 가족 간 도리의 실천

존중과 배려	• 서로의 생각을 존중하고 이해해야 함 • 서로 조금씩 양보하고 배려해야 함
책임과 역할 분담	• 각각 자신의 역할과 책임을 다해야 함 • 가족 구성원의 어려움을 도와야 함
바람직한 의사소통	• 충분한 대화와 소통의 시간을 가져야 함 • 갈등이 발생하였을 때 대화를 통해 해결해야 함

콕콕 개념 확인하기

1. 서로 다른 문화나 국적으로 구성된 가정을 다문화 가정이라고 한다. (O, X)
2. 가정은 개인에게 친밀감과 심리적 안정감을 주어 행복한 삶을 영위하게 해 준다. (O, X)
3. 부부 사이에는 양성평등을 실천하고 서로 존중하는 태도를 가져야 한다. (O, X)
4. 가족 구성원 간에는 친밀감 형성을 위해 예절을 갖추지 않아도 된다. (O, X)

답 1. O 2. O 3. O 4. X

꼼꼼 단어 돋보기

● 양성평등
남자와 여자를 서로 차별하지 않고 개인의 능력에 따라 동등한 기회와 권리를 누리는 것

● 공경
공손히 받들어 모심

3 세대 간 대화와 소통

1. 세대 차이의 의미와 원인

(1) 의미

① 세대: 같은 시대에 살면서 공통의 의식을 가지는 비슷한 연령층의 사람들
② 세대 차이
- 서로 다른 세대에서 뚜렷하게 구별되는 의식, 태도, 가치관 등의 차이
- 가정 내에서는 주로 부모 세대와 자녀 세대, 조부모 세대와 자녀 세대에서 발생함

(2) 원인

① 환경과 경험의 차이: 자라온 환경과 자라면서 겪은 경험이 달라서 발생함
② 가치관의 차이: 세대마다 중요하게 여기는 가치관이 달라서 발생함

(3) 문제점

① 가정의 화목한 분위기 조성을 어렵게 함
② 가족 구성원 간의 단합이 어려워 가정의 기능을 발휘하기 어려움
③ 사회 전체로 세대 간 갈등이 확대될 수 있음

2. 대화와 소통의 어려움과 필요성

(1) 어려움

① 잘못된 의사소통[+]: 다른 생각을 존중하지 않고 예의를 지키지 않는 소통 방법
② 유대감 약화
- 맞벌이 부부가 늘어나면서 부모 세대와 자녀 세대가 함께 보내는 시간이 줄어듦
- 핵가족이 많아지면서 조부모 세대와 자녀 세대의 교류가 줄어듦

(2) 필요성

① 가족 구성원의 유대감 형성에 기여함
② 서로의 마음을 이해하고 갈등을 예방할 수 있음
③ 세대 간의 차이를 이해하고 사회 통합과 발전에 도움을 줄 수 있음

☆ 3. 대화와 소통의 자세

경청	• 상대방의 이야기를 잘 듣는 것 • 단순히 듣는 것을 넘어서 상대방 말의 내용과 정서를 이해해야 함
존중과 배려	• 가족 구성원 간에도 서로 존중하고 배려하는 대화와 소통이 필요함 • 서로 다를 수 있다는 점을 인정하고 양보해야 함
공감과 역지사지	• 다른 사람의 처지와 감정을 생각해 보고 자기도 그렇다고 느끼는 것 • 자신이 공감하고 있음을 적절히 표현하는 공감적 대화를 해야 함
나 전달법 사용	• '나'를 주어로 하여 자신의 감정에 초점을 두고 이야기하는 대화 방법[+] • 자신의 생각과 감정을 파악한 후 상대방의 기분이 상하지 않도록 해야 함

> **콕콕 개념 확인하기**

1. _____은/는 같은 시대에 살면서 공통의 의식을 가지는 비슷한 연령층의 사람들을 말한다.
2. 세대 차이는 자라온 환경과 겪은 경험, 가치관 차이 등의 이유로 발생한다. (O, X)
3. 가족은 가까운 사이이기 때문에 말이나 행동에 주의할 필요가 없다. (O, X)

답 1. 세대 2. O 3. X

+ 잘못된 의사소통의 예
- 무관심한 태도
- 다른 사람과의 비교
- 예의 없는 말과 행동
- 일방적인 명령과 지시
- 비난하고 위협하는 말과 행동

+ 나 전달법의 예
"네가 나의 아끼던 장난감을 고장 내서 속상해. 다음부터는 나의 물건을 소중히 다뤄주었으면 좋겠어."

🔍 꼼꼼 단어 돋보기

● 단합
여러 사람이 마음과 힘을 한데 뭉침

01 오늘날 가정에 관한 설명으로 알맞은 것은?

① 이해관계로 구성되었다.
② 핵가족이 줄어들고 있다.
③ 확대 가족이 늘어나고 있다.
④ 다양한 형태로 나타나고 있다.

02 가정의 기능으로 적절하지 <u>않은</u> 것은?

① 사회생활에 필요한 예절을 배운다.
② 개인의 가치관과 성격에 영향을 준다.
③ 다른 국가의 위협으로부터 보호해 준다.
④ 새로운 사회 구성원을 출산하고 양육한다.

03 다음과 같은 갈등이 발생하는 가족 관계는?

> • 오랫동안 다른 환경에서 다른 생활 방식으로 살아
>   왔다.
> • 집안일에 대한 관점의 차이가 존재한다.

① 부부 사이의 갈등
② 형제자매 사이의 갈등
③ 부모 자녀 사이의 갈등
④ 조부모와 손주 사이의 갈등

04 가족 간 지켜야 할 도리로 가장 적절하지 <u>않은</u> 것은?
2019년 2회

① 우애(友愛)
② 자애(慈愛)
③ 효도(孝道)
④ 애국(愛國)

05 부부 사이의 도리로 적절하지 <u>않은</u> 것은?

① 자녀 문제를 함께 고민하고 해결한다.
② 서로의 다른 점을 이해하고 존중한다.
③ 양성평등을 실천하고 힘든 일을 돕는다.
④ 서로 손님을 대하듯이 어려워하고 불편해한다.

06 다음에서 강조하고 있는 가족 사이의 도리는?

> 부모님을 섬길 때는 은밀하게 간언해야 한다. 부모님이 자신의 말을 듣지 않더라도 또한 공경하면서 부모님의 뜻을 어기지 말고, 더욱 노력하면서 원망하지 말아야 한다.
>
> – 『논어』 '이인편' –

① 효
② 자애
③ 우애
④ 우정

07 ㉠에 들어갈 말로 가장 알맞은 것은?

> 부모가 헌신적인 사랑으로 자녀를 보살피는 마음을 (㉠)(이)라고 한다.

① 애정
② 친절
③ 자애
④ 효도

08 바람직한 가정을 위한 노력이 <u>아닌</u> 것은?　2019년 1회

① 예의를 지키고 상호 존중한다.
② 가족 간 대화를 점차 줄여 나간다.
③ 구성원으로서 역할과 책임을 다한다.
④ 함께 할 수 있는 일에 공동으로 참여한다.

09 가정에서의 바람직한 대화 방법으로 옳은 것은?

① 자신의 감정에 대해 솔직하게 표현한다.
② 가족끼리는 무조건 같은 의견만 제시한다.
③ 필요한 것이 있을 때에만 대화를 시도한다.
④ 자신의 주장만 이야기하고 대화를 중단한다.

10 다음 상황에서 바람직한 가정을 위해 노력할 점으로 가장 적절한 것은?　2018년 2회

부모님과는 말이 안 통해요. 제 말은 듣지도 않으시고 같이 노는 친구들을 싫어해요.

요즘 애들은 도통 모르겠어요. 몰려다니며 뭘 하는지……. 부모 말은 간섭이라고만 여기니 답답하죠.

① 충분한 의사소통
② 건전한 소비 생활
③ 물질적 풍요 추구
④ 가족 이기주의 추구

02 Ⅱ 타인과의 관계 (1)
우정

1 진정한 친구와 우정

1. 친구와 우정의 의미

(1) 친구

① 친구(親: 친하다+舊: 오래다): 오랫동안 가깝게 지낸 사람

② 서로 교류하면서 친밀감이 형성된 사람

③ 가족의 범위를 넘어서서 관계를 맺는 사람

④ 이해관계를 떠나서 순수하게 만나는 편한 사람

(2) 우정

① 의미: 친구 사이에서 나누는 정서적 유대감이나 정

② 인생에 큰 영향을 미침

③ 이타적인 마음이 바탕이 됨

④ 우정의 깊이는 친구마다 다르게 나타남

⑤ 서로를 동등한 존재로 인정하는 평등한 관계에서 생겨나는 감정임

⑥ 함께 희로애락(喜怒哀樂)을 경험하고 서로를 아낄수록 우정이 깊어짐

2. 친구와 우정의 중요성

(1) 청소년기의 특징

① 청소년기에는 새로운 사회적 관계를 맺으려는 욕구가 강해짐

② 친구와 우정을 나누는 일을 중요하게 여기고 많은 시간을 함께 보내려고 함

(2) 청소년기 친구와 우정의 중요성

사회성 함양	다른 사람과 올바르게 관계를 맺는 능력이 길러짐
정서적 안정	서로 기쁨과 슬픔을 나누면서 즐거움과 위로, 용기를 줄 수 있음
성숙한 인격 형성	인간관계에 필요한 규범, 역할, 책임을 배워 도덕적·인격적으로 성숙해질 수 있음
인류에 대한 사랑	우정은 가족이 아닌 대상을 처음으로 사랑하는 것으로, 이웃과 인류에 대한 사랑의 출발점이 됨

> **쏙쏙 이해 더하기** ｜ **다양한 우정의 표현**
>
> • 우정 관련 고사성어: 백아절현, 금란지교, 관포지교, 수어지교, 죽마고우, 지란지교, 막역지우 등
> • 아리스토텔레스: "모든 것을 가졌다고 해도 친구가 없다면 아무도 그 삶을 원하지 않을 것이다."
> • 에피쿠로스: "친구들의 도움이 우리를 돕는 것이 아니라, 친구들이 도와줄 것이라는 믿음이 우리를 돕는다."
> • 맹자: "선행을 하도록 돕는 것이 친구의 도리이다."
> • 신라 시대 화랑의 규범인 세속 오계 중 교우이신(交友以信): 믿음으로 벗을 사귄다.
> • 유교의 오륜(인간관계의 다섯 가지 도리) 중 붕우유신(朋友有信): 친한 친구 사이에는 믿음이 있어야 한다.

➕ 친구의 중요성

오랫동안 함께 지내게 되면 서로의 생각과 행동이 비슷해지는 경향이 있으므로 올바른 부분을 닮을 수 있는 친구를 사귀어야 한다.

➕ 우정 관련 고사성어

• 백아절현: 백아가 자신을 알아주던 친구의 죽음을 알고 거문고의 줄을 끊듯이 서로를 깊이 이해해 주는 우정

• 금란지교: 황금과 같이 단단하고 난초향 같이 깊은 우정

• 관포지교: 관중과 포숙처럼 서로 돕고 이해하는 우정

• 수어지교: 물과 물고기와 같이 떨어질 수 없는 우정

• 죽마고우: 대나무로 만든 장난감 말을 타고 놀던 친구

• 지란지교: 지초와 난초같이 향기로운 사귐

• 막역지우: 서로 허물없이 지내는 친구

🔍 꼼꼼 단어 돋보기

● 희로애락

기쁨, 노여움, 슬픔, 즐거움

1. 친구 사이에 따뜻하고 친밀하게 느끼는 감정을 _____(이)라고 한다.
2. 친구와 갈등을 해결하면서 인격적으로 성숙해질 수 있다. (O, X)
3. _____은/는 대나무로 만든 장난감 말을 타고 놀던 친구를 말한다.

답 1. 우정 2. O 3. 죽마고우

② 진정한 우정을 맺는 방법

1. 친구와의 갈등 해결

(1) 친구 간 갈등의 원인
① 기본적인 예의를 지키지 않기 때문
② 친구의 처지와 감정을 고려하지 않기 때문
③ 성격, 가치관 등의 차이를 인정하지 않기 때문
④ 경쟁 대상으로만 보기 때문

(2) 갈등 해결의 자세
① 갈등 상태를 회피하거나 두려워하지 않고 잘 해결하려는 적극적인 태도가 중요함
② '비 온 뒤에 땅이 굳어진다.'라는 속담처럼 시련 뒤에 우정이 더 단단해질 수 있음
③ 물리적인 해결이 아니라 대화를 통해 서로의 생각을 털어놓고 양보해야 함

☆ 2. 진정한 우정을 맺기 위한 자세
① 믿음: 서로 속이지 않고 해를 끼치지 않아야 함
② 공감: 친구의 이야기를 경청하고 공감을 표현해야 함
③ 배려: 친구가 원하는 것이 무엇인지 살피고 도움을 주려고 노력해야 함
④ 존중: 친구의 성격, 태도, 생각 등 다른 점을 존중해야 함
⑤ 예의: 가까운 친구 사이일지라도 서로 존중하고 예의를 지켜야 함
⑥ 협력: 서로의 부족한 부분을 돕고 함께 힘을 합해서 일을 해결해야 함
⑦ 권면: 옳은 일은 권하고 나쁜 일은 비판과 충고를 해야 함
⑧ 성찰: 자신이 어떤 친구인지 되돌아보고 좋은 친구가 되려고 노력해야 함
⑨ 격려: 시기하거나 질투하지 않고 서로의 성장을 진심으로 응원해야 함
⑩ 선의의 경쟁: 상대방의 장점과 능력을 존중하고 함께 성장해야 함

＋ 아리스토텔레스의 세 가지 우정
- 필요에 의한 우정
- 즐거움을 위한 우정
- 선한 우정: 조건 없는 진정한 우정

＋ 공자의 유익한 친구와 해로운 친구
- 유익한 친구: 나의 잘못을 지적하는 친구, 서로 믿고 의지하는 친구, 배울 점이 많은 친구
- 해로운 친구: 친구의 고통을 공감하지 못하는 친구, 결정을 잘못 내리는 친구, 말(핑계와 아첨)만 앞서는 친구

꼼꼼 단어 돋보기

● 권면
알아듣게 이야기하고 격려하여 힘쓰게 함

1. 친구끼리 친근함의 표현으로 하는 장난은 언제나 괜찮은 행동이다. (O, X)
2. 자신도 다른 친구에게 좋은 친구가 되고 있는지 성찰해 봐야 한다. (O, X)
3. 친구끼리 갈등이 생기면 숨기거나 피하는 게 제일 좋은 해결책이다. (O, X)

답 1. X 2. O 3. X

탄탄 실력 다지기

정답과 해설 **7쪽**

주목

01 친구에 관한 설명으로 알맞은 것은?

① 즐거움만을 나누는 사이이다.
② 효를 실천해야 하는 대상이다.
③ 오랫동안 가깝게 지낸 사람이다.
④ 이해관계 때문에 유지하는 관계이다.

02 다음 중 아래 사자성어의 내용과 가장 관계 깊은 덕목은?

2020년 2회

> • 죽마고우(竹馬故友)
> • 관포지교(管鮑之交)

① 성실
② 우정
③ 용기
④ 절제

03 우정의 중요성에 해당하지 않는 것은?

① 사회성을 함양할 수 있다.
② 정서적 안정을 얻을 수 있다.
③ 경제적 이익을 얻을 수 있다.
④ 성숙한 인격을 형성할 수 있다.

04 다음에서 강조하는 용어로 적절한 것은?

> 친구들의 도움이 우리를 돕는 것이 아니라, 친구들이 도와줄 것이라는 믿음이 우리를 돕는다.
>
> – 에피쿠로스 –

① 효
② 자애
③ 우정
④ 우애

05 진정한 친구 관계라고 볼 수 없는 것은?

① 친구의 잘못은 무조건 감싸 준다.
② 친구의 상황을 헤아려서 도움을 준다.
③ 서로의 부족한 점을 채워 주려고 노력한다.
④ 어려운 일을 함께 해결하기 위해 협력한다.

06 진정한 친구를 사귀는 것이 중요한 이유로 가장 적절한 것은?

① 편안한 삶을 살 수 있기 때문에
② 영향을 주고받으며 닮기 때문에
③ 기본적인 의식주를 제공하기 때문에
④ 외부의 위험으로부터 보호해 주기 때문에

07 진정한 우정을 쌓기 위한 태도로 적절하지 않은 것은?

2016년 2회

① 비난
② 믿음
③ 배려
④ 협력

08 친구 사이에 생기는 갈등에 대한 설명으로 옳지 않은 것은?

① 친구에게 자신이 원하는 것만 요구하면 갈등이 생긴다.
② 진정한 친구 사이에는 예의를 지키지 않아도 갈등이 생기지 않는다.
③ 친구 사이의 갈등은 피하지 말고 바람직하게 해결하도록 해야 한다.
④ 진정한 우정은 갈등을 잘 해결하고 이를 통해 더 돈독해질 수 있다.

09 바람직한 친구 관계에 대한 설명으로 옳지 않은 것은?

2019년 2회

① 배려하고 존중한다.
② 조언과 충고를 한다.
③ 선의의 경쟁과 협력을 한다.
④ 서로 예의를 지키지 않는다.

주목
10 진정한 우정을 맺는 자세로 옳은 것은?

① 나부터 좋은 친구가 되도록 노력한다.
② 친구의 어려움은 외면하여 혼자 이겨내게 한다.
③ 나의 속마음은 털어놓지 않고 비밀을 듣기만 한다.
④ 갈등을 피하기 위해 친구의 생각과 행동을 따라 한다.

03 Ⅱ 타인과의 관계(1) 성 윤리

1 성과 사랑

1. 성의 의미와 가치

(1) 의미

① 생물학적 성(Sex): 선천적으로 타고난 육체적 특성으로 남자와 여자를 구분하는 성
② 사회 문화적 성(Gender): 사회적·문화적으로 학습되는 남성다움 혹은 여성다움을 말하며, 사회에서 기대하는 남녀의 역할과 관련이 있음
③ 가장 넓은 의미의 성(Sexuality): 생물학적인 성과 사회 문화적인 성을 포함하여 성에 대한 생각, 태도, 표현 방식, 감정 등을 포괄하는 성

(2) 가치

생식적 가치	새로운 생명을 탄생시키고 종족을 보존함
쾌락적 가치	감각적 즐거움과 기쁨을 선사함
인격적 가치	성을 통해 다른 인격체와 인간관계를 맺고 삶의 일부분을 공유함 **참고** 인격적 가치는 인간의 성에만 있는 가치이다.

2. 사랑의 의미와 역할

(1) 의미

① 상대방을 소중하게 여기는 마음
② 사람이 태어날 때부터 본래 갖고 있는 자연스러운 감정
③ 공자는 인(仁), 불교에서는 자비(慈悲)로 표현함

(2) 역할

① 삶이 풍요로워짐
② 정서적 안정을 느낄 수 있음
③ 다른 사람과 어울리는 방법을 배울 수 있음

3. 사랑의 종류와 구성 요소

(1) 종류

에로스(Eros)	필리아(Philia)	아가페(Agape)
남녀 간의 사랑으로 성적 관심이나 욕망에 의한 사랑	친구 간의 사랑으로 신뢰하고 배려하는 우호적 감정	부모의 사랑으로 조건 없이 베푸는 희생적 사랑

⭐(2) 구성 요소⁺

친밀감	상대방이 믿을 만하고, 편하다고 느껴지는 감정
열정	상대방을 계속 생각하고, 함께하고자 하는 감정
헌신	상대방을 위해 행동하고자 하는 책임감

＋ 사랑의 삼각형

로버트 스턴버그는 사랑의 삼각형 이론을 주장하였다. 그는 사랑은 친밀감, 열정, 헌신이라는 세 가지 요소와 관련이 깊으며 세 가지 요소가 균형을 이룰 때 비로소 성숙한 사랑에 이를 수 있다고 하였다.

🔍 꼼꼼 단어 돋보기

● 종족
같은 종류의 생물 전체

● 자비
즐거움을 주고 괴로움을 없게 함

4. 성과 사랑의 관계
① 성(쾌락적 욕구로 표현)과 사랑(배려하는 마음)은 같은 것이 아님
② 성적인 욕구를 조절하고 상대방을 배려하며 책임감 있는 태도를 가져야 함
③ 성적인 욕구를 잘 조절하지 못하면 상대방과의 관계가 지속되기 어렵고 법적 처벌을 받을 수 있음

콕콕 개념 확인하기

1. 남자다움, 여성스러움으로 학습된 성을 (생물학적, 사회 문화적) 성이라고 한다.
2. 사랑의 구성 요소는 친밀감, 집착, 헌신이다. (O, X)
3. 성과 사랑은 동일한 것의 다른 표현일 뿐이다. (O, X)

답　1. 사회 문화적　2. X　3. X

2 청소년기의 바람직한 성 윤리

1. 청소년기와 성

(1) 청소년기의 특징
① 왕성한 신체적 성장과 함께 성적인 호기심과 욕구도 커짐
② 바른 판단을 내리는 것이 서투르기 때문에 올바른 행동의 기준을 배워야 함

(2) 청소년의 성 문제
① 다양한 매체에 접근하여 쉽게 성적인 호기심을 해결하거나 잘못된 정보를 얻게 됨
② 잘못된 성적인 정보(음란물, 성 상품화 등)가 왜곡된 성적 가치관을 만들 수 있음
③ 음란물 중독 등으로 일상생활에 어려움을 느낄 수 있음
④ 사회적으로나 경제적으로 준비되지 않은 상황에서 임신과 출산 문제를 겪을 수 있음

(3) 성에 대한 바람직한 가치관을 가져야 하는 이유
① 청소년기에 형성된 성의 가치관이 성인이 된 이후까지 영향을 미침
② 잘못된 성 행동(성폭력, 성추행, 성희롱)으로 인해 누군가에게 피해를 줄 수 있음

2. 성 윤리

(1) 의미
성과 관련된 바람직한 행동의 기준

☆**(2) 바람직한 성 윤리**
① 부적절함에 거절 의사 표현: 자신과 상대방을 존중하고 서로의 의사에 대해 정확하게 표현하고 이해해야 함
② 생명 탄생의 가능성 염두: 상대방을 쾌락의 수단이 아닌 인격의 대상으로 사랑하고 책임감 있게 행동해야 함
③ 자극적인 성을 다룬 대중 매체 경계: 왜곡된 성 문화에 접근하지 않고 비판적인 관점을 가져야 함

(3) 청소년이 바람직한 성 윤리를 실천하는 방법
① 올바른 정보(전문 지식과 부모님 또는 선생님)만을 접하도록 노력해야 함
② 상대방을 배려하고 예의 있는 행동으로 감정을 표현해야 함
③ 성의 욕구를 다른 활동(운동, 취미 등)으로 관심을 돌려 해소하도록 노력해야 함

✚ **성적 자기 결정권**
성 행동을 어떻게 할지 스스로 판단을 내리고 결정을 내리는 권리이다. 본인의 의사를 정확하게 상대방에게 전달하고 상대방은 의사를 있는 그대로 받아들여야 바람직한 성 윤리가 만들어질 수 있다.

🔍 **꼼꼼 단어 돋보기**

● 음란물
음란하고 난잡한 것들을 다룬 것

● 성 상품화
성을 매개로 돈을 벌려는 행위

1. 청소년기에 형성된 성에 대한 가치관은 성인이 된 이후에도 영향을 미친다. (O, X)
2. 사랑을 표현할 때에는 받아들이는 상대방의 의사도 중요하다. (O, X)

3 이성 친구와의 바람직한 관계

1. 이성 친구와 이성 교제

(1) 의미

① 이성 친구: 생물학적으로 성이 다른 친구

② 이성 교제: 이성 친구와 우정 또는 애정을 가지고 사귀는 일

☆(2) 청소년기에 미치는 영향

① 긍정적 영향

• 즐거움과 행복감을 줌

• 성 역할 고정 관념에서 벗어날 수 있음

• 상대방의 성에 관한 이해를 넓힐 수 있음

• 배려심을 기르고, 인격적 성장에 도움을 줌

• 남녀가 조화롭게 어울릴 수 있는 방법을 터득할 수 있음

② 부정적 영향

• 헤어짐의 어려움을 겪음

• 동성 친구와 거리감이 생길 수 있음

• 교제 비용을 충당하기 힘들 수 있음

• 학업과 일상생활을 소홀히 할 수 있음

✚ 성 역할 고정 관념

> • 남자는 울면 안 된다.
> • 여자는 조신해야 한다.
> • 남자는 밖에서 돈을 벌어야 한다.
> • 여자는 집에서 요리와 청소를 해야 한다.

남성과 여성을 구분하여 성별로 다른 사회적 역할을 기대하는 것을 의미한다.

2. 바람직한 이성 교제를 위한 자세

① 성별의 차이점을 이해하고 상대방을 존중해야 함

② 가족, 동성 친구들과의 관계를 균형 있게 유지해야 함

③ 책임감 있는 행동을 해야 하고, 충동적인 욕구는 경계해야 함

④ 자신의 일상과 학업에 충실하고 상대방의 사생활도 존중해야 함

⑤ 이성 교제의 문제에 직면할 때 주변 어른들께 도움을 요청해야 함

1. 이성 친구와의 관계에만 집중하기 위해 동성 친구와는 교류하지 않는다. (O, X)
2. 청소년기의 이성 교제는 필수이며 결혼을 전제로 사귀어야 한다. (O, X)
3. 이성 교제는 이성에 대해 알 수 있는 기회를 제공하고 인격적 성장에 도움을 준다. (O, X)

🔍 꼼꼼 단어 돋보기

● 거리감

사람과 사람 사이에서 간격이 있다는 느낌

● 충동

순간적으로 어떤 행동을 하고 싶은 욕구를 느끼게 하는 마음

01 ㉠에 들어갈 성의 의미로 옳은 것은?

(㉠)은/는 남자다움, 여성스러움으로 사회에서 전통적으로 학습된 성을 말해요.

① 생물학적 성
② 사회 문화적 성
③ 욕망으로서의 성
④ 가장 넓은 의미의 성

03 ㉠, ㉡에 들어갈 용어를 순서대로 나열한 것은?

(㉠): 남녀 간의 사랑으로 성적 관심이나 욕망에 의한 사랑을 말한다.
(㉡): 친구 간의 사랑으로 신뢰하고 배려하는 우호적 감정을 말한다.

	㉠	㉡
①	에로스	필리아
②	에로스	아가페
③	필리아	아가페
④	아가페	필리아

04 성숙한 사랑의 구성 요소가 <u>아닌</u> 것은?

① 애집
② 열정
③ 헌신
④ 친밀감

주목

02 다음에서 설명하는 성의 가치는?

사람은 동물과 달리 성을 통해 서로의 사랑을 확인하고 상대방에 대해 존중과 책임감을 갖는다.

① 물질적 가치
② 쾌락적 가치
③ 인격적 가치
④ 생식적 가치

05 사랑과 성에 관한 설명으로 옳은 것은?

① 성과 사랑은 같은 것이다.
② 사랑은 서로의 성장을 돕는 것이다.
③ 사랑은 쾌락적 가치만을 지니고 있다.
④ 성의 종류에는 에로스, 필리아, 아가페가 있다.

06 사랑에 대한 설명으로 옳지 <u>않은</u> 것은?

① 삶을 풍요롭게 만든다.
② 상대방을 소중하게 생각하는 마음이다.
③ 후천적인 노력으로 갖게 되는 감정이다.
④ 공자는 인, 불교에서는 자비로 표현한다.

07 청소년이 바람직한 성 윤리를 실천하는 방법으로 옳은 것은?

① 친구와 함께 자극적인 정보를 공유한다.
② 충동적인 성적 욕구를 즉시 채우려고 한다.
③ 부모님 몰래 청소년 접근 금지 매체를 접한다.
④ 운동과 취미를 통해 성에 대한 관심을 돌린다.

08 바람직한 이성 교제의 자세로 적절하지 <u>않은</u> 것은?

2018년 1회

① 상대방의 판단을 존중한다.
② 상대방을 인격적으로 대우한다.
③ 이성에게 과도한 집착을 보인다.
④ 이성에게 기본적인 예의를 지킨다.

09 이성 교제의 긍정적인 영향이 <u>아닌</u> 것은?

① 즐거움과 행복감을 준다.
② 상대방을 배려하는 방법을 배운다.
③ 상대방 성의 특징을 이해할 수 있다.
④ 자신의 학업과 일상생활을 소홀히 한다.

주목
10 바람직한 이성 교제를 위한 자세로 옳은 것은?

① 동성 친구들과의 관계는 잠시 거리감을 둔다.
② 성별의 차이를 이해하고 책임감 있게 행동한다.
③ 함께 재밌는 것을 하기 위해 시간이 날 때마다 놀러 간다.
④ 연락을 수시로 하여 서로의 생활을 끊임없이 보고 한다.

04 이웃 생활

Ⅱ 타인과의 관계(1)

1 이웃과 이웃 관계

1. 이웃의 의미와 소중함

(1) 의미

거리적으로나 정서적으로 나와 밀접하게 관계를 맺고 사는 사람들

(2) 이웃의 가치

① 이웃은 상부상조하며 서로에게 영향을 미치는 관계임
② 이웃은 사회 구성원으로서 사회 공동체의 일원임

(3) 이웃의 소중함

① 이웃이 힘들고 어려울 때 서로 도움을 주고받음
② 이웃과 함께 기쁨과 슬픔을 나누며 행복하게 살 수 있음
③ 더불어 사는 삶의 의미를 배우고 협동하는 사회를 이룰 수 있음

2. 이웃의 종류

(1) 전통 사회의 이웃

① 같은 동네에서 같이 살면서 생계를 함께함
② 집단적인 노동력이 필요한 농업과 어업으로 생계를 유지하다 보니 상부상조의 전통⁺이 만들어짐
③ 이웃사촌이라는 말이 생길 정도로 자주 왕래하며 정을 나눔
④ 일생의 중요한 의례인 관혼상제를 서로 도와줌

☆(2) 오늘날의 이웃

① 교통과 통신의 발달로 이웃의 범위가 확대되면서 다양한 이웃의 형태가 나타남
② 새로 생겨난 이웃
  • 국제적 교류가 늘어나면서 지구촌 이웃이 등장함
  • 시공간의 제약을 초월하여 교류할 수 있는 사이버 이웃이 등장함
  • 취미나 종교 등 공동의 관심사를 공유하는 이웃이 등장함

✚ 상부상조의 전통

계	경제적인 도움을 주고 받기 위해 형성된 모임
두레	농사일을 함께 하는 마을 공동 노동 조직
품앗이	이웃 간에 노동력을 교환하는 방식
향약	마을에서 지켜야 할 약속

콕콕 개념 확인하기

1. 이웃은 나와 거리상으로만 가까운 곳에서 관계를 맺는 사람들을 말한다. (O, X)
2. 다른 나라 사람과도 이웃 관계를 맺을 수 있다. (O, X)
3. 과거 전통 사회에서는 계, 두레, 품앗이, 향약을 통해 _____ 정신을 실천하였다.
4. 바람직한 이웃 관계를 유지하기 위해서는 집착하는 태도를 가져야 한다. (O, X)

답 1. X 2. O 3. 상부상조 4. X

🔍 꼼꼼 단어 돋보기

● **이웃사촌**
사촌과 같이 가까운 정을 느끼는 이웃

● **관혼상제**
일생을 살면서 거치는 네 가지 의례인 관례(성인식), 혼례(혼인식), 상례(장례식), 제례(제사)를 말함

2 이웃과의 바람직한 관계

1. 이웃 간의 갈등과 해결

(1) 오늘날의 이웃 관계

① 이웃에 대한 무관심: 전통 사회와 달리 개개인의 직업이 다양해지고 한 동네에서 오랫동안 사는 경우가 많지 않아 이웃 간의 교류가 줄어들었음

② 사생활 침해: 이웃 간 교류가 줄어들면서 이웃에게 관심을 두는 것을 사생활 침해로 여김

(2) 이웃 간의 갈등 해결 방법

① 대화와 소통을 통해 서로 양보하고 배려하는 자세가 필요함

② 양보와 배려를 통해 모두가 행복한 공동체를 만들 수 있음

2. 배려로 만드는 이웃 관계

(1) 의미

다른 사람에게 피해를 주지 않고 어려움에 처한 사람을 도우려는 태도

(2) 실천하는 방법

① 이웃에게 관심 갖기

② 이웃에게 기본 예절 지키기

③ 이웃의 입장에서 생각해 보기

④ 이웃 간에 서로 양보하는 태도 갖기

3. 봉사로 만드는 이웃 관계

(1) 의미

이웃에게 도움이 필요할 때 자신의 시간과 능력을 이용하여 돕는 활동

☆(2) 특징

자발성	다른 사람의 명령이나 영향에 의하지 않고 자기 의사에 의하여 이루어져야 함
이타성	자기의 이익보다는 공익을 위함
무대가성	보수나 대가를 바라지 않아야 함
지속성	일시적으로 끝나지 않고 꾸준히 이루어져야 함

(3) 바람직한 봉사 자세

① 봉사를 받는 사람을 존중하는 태도를 가짐

> 참고 도움을 준다고 해서 자만하거나 상대방을 무시하는 태도를 가지면 안 된다.

② 봉사를 받는 사람의 상황과 감정을 고려함

> 참고 미안함이나 부담을 느끼지 않도록 배려하고 상대방이 원하지 않는 행동을 하면 안 된다.

③ 봉사 활동을 성찰하면서 봉사의 의미를 깊게 새김

> 참고 봉사하면서 잘못한 점은 없었는지 따져 보고 반성해야 한다.

콕콕 개념 확인하기

1. 봉사를 할 때에는 보수나 대가를 바라지 않는 _____을/를 바탕으로 이루어져야 한다.
2. 남을 도울 때에는 상대방이 미안함이나 부담을 느끼지 않도록 해야 바람직하다. (O, X)

답 1. 무대가성 2. O

꼼꼼 단어 돋보기

● 양보
자기의 주장을 굽히고 다른 사람의 의견을 따라가 줌

01 이웃에 대한 설명으로 옳지 <u>않은</u> 것은?

① 이웃의 범위가 점점 확대되고 있다.
② 거리상으로만 나와 가까이 사는 사람들이다.
③ 아주 친밀하다는 표현으로 이웃사촌이라고도 한다.
④ 인터넷 카페에서 취미를 공유하는 사람들도 이웃에 해당한다.

주목

03 이웃에 해당하지 <u>않는</u> 사람은?

> 주말에 ㉠친구 지혜를 만나러 가는 길에 나의 ㉡옆집에 살고 계신 분과 마주쳤다. 약속 장소에 가기 전에 마트에 잠깐 들렀는데 우연히 그곳에서 ㉢동생과 ㉣동생 친구를 만났다.

① ㉠   ② ㉡
③ ㉢   ④ ㉣

04 전통 사회의 이웃의 모습이 <u>아닌</u> 것은?

① 같은 동네에서 살고 서로 잘 알았다.
② 대부분 농사일을 하며 서로 돕고 살았다.
③ 이웃들이 자주 이사 가서 늘 새롭게 사귀었다.
④ 음식을 함께 만들고 서로 나누어 먹는 경우가 많았다.

02 다음과 관련이 깊은 우리 전통 사회의 정신으로 가장 적절한 것은?

2020년 2회

> • 두레   • 향약(鄕約)   • 품앗이

① 개인주의
② 상부상조
③ 작심삼일
④ 진퇴양난

05 오늘날 이웃에 대한 설명으로 옳지 <u>않은</u> 것은?

① 이웃의 형태가 다양화되었다.
② 품앗이, 두레 등을 통해 상부상조한다.
③ 국가를 초월한 지구촌 이웃이 등장하였다.
④ 시공간의 제약을 초월한 사이버 이웃이 등장하였다.

06 바람직한 이웃 관계로 볼 수 없는 것은?

① 이웃에 피해가 가지 않도록 주의한다.
② 도움이 필요한 이웃에게 관심을 갖는다.
③ 서로 양보하고 배려하는 태도를 갖는다.
④ 개인의 사생활 보호를 위해 철저히 모른 척한다.

주목
08 ㉠에 들어갈 말로 알맞은 것은?

자신의 시간과 능력을 이용하여 이웃을 돕는 것을
(㉠)(이)라고 한다.

① 노동
② 근로
③ 봉사
④ 복지

09 바람직한 봉사의 요소가 아닌 것은?

① 자발성
② 이타성
③ 일회성
④ 무대가성

07 배려를 실천하는 방법이 아닌 것은?

① 이웃의 마음을 헤아린다.
② 이웃 간에 서로 양보하는 태도를 갖는다.
③ 이웃에게는 법적으로 약속된 행동만 한다.
④ 이웃 간에 서로 관심을 두고 알아가려 한다.

10 봉사 활동에 참여하는 바람직한 자세는?   2018년 1회

① 괴롭고 짜증스런 표정으로 봉사한다.
② 이웃을 도우면서 마음속으로 어떤 대가를 바란다.
③ 봉사를 받는 사람의 자존심이 상하지 않게 조심한다.
④ 다른 사람들의 눈에 띄어 칭찬받는 활동만을 골라 한다.

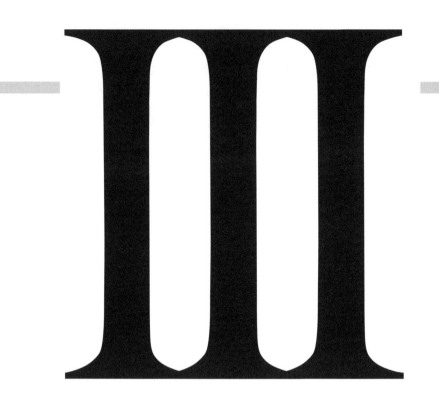

사회·공동체와의 관계 (1)

01

인간 존중

1 인간 존엄성과 인권

1. 의미

(1) 인간 존엄성[+]

① 인간이라는 이유만으로 소중하게 대우받는 것

② 모든 인간은 수단이 아니라 목적으로 대우받아야 함

(2) 인권

① 인간의 존엄성을 지키기 위해 마땅히 보장받아야 하는 기본 권리

② 생명을 안전하게 유지할 권리, 다른 사람에게 피해를 주지 않는 범위에서 자유와 평등을 누릴 수 있는 권리, 행복을 추구할 권리, 도덕적으로 살 권리 등

☆(3) 인권의 특징

① **천부성**: 인권은 태어날 때부터 하늘로부터 부여받음

② **보편성**: 인권은 오직 인간이라는 이유만으로 누구에게나 똑같이 적용됨

③ **항구성**: 인권은 박탈당하지 않고 영원히 보장되어야 함

④ **불가침성**: 인권은 침해받을 수 없으며 다른 사람의 인권을 침해해서도 안 됨

2. 인권의 소중함과 가치

(1) 인권이 소중한 이유

① 인간 존엄성과 인권은 보편적이고 절대적인 가치이기 때문임

② 사회 구성원의 인간다운 삶을 보장하는 바람직한 사회 형성의 바탕이 됨

(2) 인권의 핵심 가치

자유	구속에서 벗어나 자신의 생명을 유지하고 이상을 추구하며 도덕적 존재로서 자신의 의지대로 살아갈 수 있는 상태
평등	권리와 의무, 자격 등에서 모든 인간은 동등하며 누구도 인종, 성별, 종교, 사회적 지위, 신체적·정신적 조건 등을 이유로 차별받아서는 안 됨

(3) 인권 문제와 노력

① 오늘날의 인권 문제

- 사회의 변화에 따라 새로운 인권 문제가 대두됨
- 사회적 약자에 대한 차별이 존재하고 인권에 대한 의식이 부족한 경우가 있음

② 인권 보장의 노력

- 다른 사람의 권리를 침해하지 않아야 함
- 다양한 인권 문제에 대해 민감하게 반응하며 참여해야 함
- 인권 보장을 위해 필요한 제도와 법을 개선하거나 마련해야 함

✛ 인간 존엄성

- 모든 국민은 인간으로서의 존엄과 가치를 가지며, 행복을 추구할 권리를 가진다.
  – 헌법 제10조 –
- 모든 인간은 태어날 때부터 자유롭고 존엄하며 평등하다. 모든 사람은 이성과 양심을 가지고 있으므로 서로 형제자매의 정신으로 대해야 한다.
  – 세계 인권 선언 제1조 –

✛ 인간 존중 사상

- 단군의 홍익인간 정신: 널리 인간을 이롭게 함
- 동학의 인내천 사상: 사람이 곧 하늘임

🔍 꼼꼼 단어 돋보기

● 존엄
감히 범할 수 없을 정도로 높고 엄격함

1. _____은/는 인간이기 때문에 마땅히 존중받아야 한다는 이념이다.
2. _____은/는 인간이기 때문에 당연히 갖게 되는 기본 권리이다.
3. 인권은 태어난 후 출생 신고를 해야만 부여받을 수 있는 권리이다. (O, X)

답　1. 인간 존엄성　2. 인권　3. X

2 사회적 약자와 존중

1. 사회적 약자의 의미와 어려움

(1) 의미

① 인종, 국적, 신체적 조건, 성별, 종교, 학력 등의 특성을 이유로 다른 사회 구성원에 비해 불리한 위치에 있어 어려움을 겪는 사람들

② 우리 사회의 사회적 약자: 장애인, 노인, 아동, 청소년, 이주 노동자, 국제결혼 이주자, 북한 이탈 주민 등

③ 자신이 처한 상황 때문에 능력 발휘가 어렵고 행복을 추구하기 어려움

④ 자신이 속한 사회와 상황에 따라 누구나 사회적 약자가 될 수 있음

☆(2) 어려움

편견과 차별	• 다른 사람과 다르다는 사실만으로 사람들에게 부당한 대접을 받음 • 사람들의 잘못된 편견으로 마음의 상처를 입음
사회적·경제적 어려움	• 사회적 약자를 위한 시설이 부족함 • 다수에 의한 기준으로 만들어진 사회 구조와 환경 적응의 어려움 • 취업하기가 어렵고 임금이 적어 생계유지가 어려움

2. 사회적 약자에 대한 공감과 배려

(1) 사회적 약자를 위해 노력해야 하는 이유

① 사회적 약자도 우리 사회의 동등한 구성원이므로 존중받는 것이 당연함

② 사회적 약자의 인간 존엄성과 인권까지 보장되어야 정의로운 사회가 될 수 있음

(2) 사회적 약자를 위한 노력

개인적 노력	• 사회적 약자에 대한 편견 버리기 • 사회적 약자의 고통에 공감하고 배려하기 • 사회적 약자를 인격적으로 존중하여 대우하기 　참고 은혜를 베푼다는 식의 배려는 옳지 않다. • 누구나 사회적 약자가 될 수 있다는 생각으로 역지사지의 태도 갖기 　참고 일방적으로 도움을 받는 대상으로만 봐서는 안 된다.
사회석 노력	• 사회적 약자의 권리를 보장하는 법과 제도⁺ 마련 • 사회적 약자에 내한 차별을 금지하는 법과 제도 마련

➕ 사회적 약자 우대 정책

장애인 의무 고용 제도, 사회적 배려 대상자 전형 제도, 연령 차별 금지법, 국민 기초 생활 보장 제도, 기회균등 제도 등이 있다.

1. 사회적 약자는 사람들의 잘못된 _____(으)로 마음의 상처를 입는다.
2. 사회적 약자를 배려하기 위해서는 개인적 노력과 사회적 노력이 동시에 이루어져야 한다. (O, X)
3. 사회적 약자를 배려할 때에는 은혜를 베푼다는 생각으로 도와준다. (O, X)

답　1. 편견　2. O　3. X

🔍 꼼꼼 단어 돋보기

● 편견
한쪽으로 치우친 생각

● 차별
다름을 이유로 부당한 대우를 함

3 양성평등의 실천

1. 잘못된 성별에 대한 인식

(1) 성 역할

① 의미: 남성과 여성에게 사회적으로 기대하는 행동 양식이나 생각

② 성 역할 고정 관념

- 성 역할을 시대와 환경에 따라 달라지는 것이 아니라 고정된 것으로 여기는 관념
- '남자는 ~해야 한다.', '여자는 ~해야 한다.' 등으로 표현됨

(2) 성차별[+]

① 의미

- 성별에 의한 차별로, 남성이나 여성이라는 사실만으로 받는 차별
- 성 역할 고정 관념이 성차별로 이어질 수 있음

② 문제점

- 모든 인간은 동등하게 대우받아야 한다는 가치에 어긋남
- 개인의 자아실현과 행복 추구를 어렵게 만듦

2. 양성평등의 의미와 필요성

☆(1) 의미

① 남성과 여성을 성별에 따라 법적·사회적으로 차별하지 않고 인격적으로 동등하게 대우하는 것

② 성이 아닌 개인의 능력과 적성을 존중하고, 그 부분을 충분히 발휘하여 사회적 역할을 하는 것

(2) 필요성

① 인간 존엄성을 실현하며 인권을 보장함

② 개인의 능력 발휘를 통한 자아실현이 가능함

③ 균형 잡힌 사회를 만드는 데 기여함

3. 양성평등을 위한 노력

(1) 개인

성별의 다름을 인정하고 존중하는 태도를 가짐

(2) 가정

성 역할 고정 관념에서 벗어나 가족 구성원끼리 합리적인 가사 노동 배분

(3) 사회

① 학교에서 지속적인 양성평등 교육 시행

② 양성평등을 실현할 수 있는 법과 제도 마련

③ 대중 매체에서의 성차별적 표현 자제

+ 성차별의 예
- 남존여비: 남성의 권리나 지위 등을 여성보다 우위에 두어 존중하고 여성을 천시하는 사상
- 남아 선호: 부계 혈통을 중시하는 사회에서 여자 아이보다 남자 아이를 선호하는 관념
- 유리 천장: 남녀의 승진에 차별이 없는 듯 보이지만 실제로는 여성의 고위직 승진을 막아 차별하는 것

콕콕 개념 확인하기

1. 양성평등은 어떤 일이든 남성과 여성이 똑같은 일을 수행해야 한다는 것이다. (O, X)
2. 성 역할 고정 관념에서 탈피하는 것은 양성평등을 실현하는 데 도움이 된다. (O, X)

답 1. X 2. O

01 인권에 대한 설명으로 적절하지 <u>않은</u> 것은? **2018년 2회**

① 국가는 인권을 보장할 의무가 없다.
② 누구도 인권을 함부로 침해할 수 없다.
③ 인권은 인간이라면 마땅히 누려야 할 권리이다.
④ 인간의 존엄성을 실현하기 위해 인권이 필요하다.

주목

03 인권에 대한 설명으로 옳지 <u>않은</u> 것은?

> 인권은 ㉠ 인간이기 때문에 갖는 기본 권리이다. 인권의 특징 중 ㉡ 천부성은 기관에 등록해야 부여받는다는 것이다. 인권은 ㉢ 누구나 똑같이 적용되며, ㉣ 어떠한 경우에도 침해될 수 없다.

① ㉠   ② ㉡
③ ㉢   ④ ㉣

04 다음에서 공통으로 강조하고 있는 것은?

> • 단군의 홍익인간 정신
> • 동학의 인내천 사상

① 인내심
② 세계 평화
③ 도전 정신
④ 인간 존엄성

02 인간 존엄성에 대한 설명으로 옳지 <u>않은</u> 것은?

① 서로 존중할 때 인간 존엄성이 실현된다.
② 인간 존엄성은 헌법에서도 보장하고 있다.
③ 인간이라는 이유만으로 갖는 수단적 가치이다.
④ 인간다운 삶을 위해 인간 존엄성은 지켜져야 한다.

05 인권을 보장하기 위한 노력으로 옳지 <u>않은</u> 것은?

① 다른 사람의 인권을 침해하지 않는다.
② 다양한 인권 문제에 관심을 두고 참여한다.
③ 인권 침해를 당하는 사람들의 고통을 이해한다.
④ 인권 보장 노력은 온전히 국가가 담당하도록 한다.

06 사회적 약자를 배려하는 자세로 가장 적절한 것은?

2017년 2회

① 잘못된 선입견을 갖는다.
② 고통을 이해하고 공감한다.
③ 사생활을 지나치게 간섭한다.
④ 은혜를 베푼다는 생각으로 도와준다.

08 다음과 관련 있는 노력은 무엇인가?

- 연령 차별 금지법 등
- 장애인 의무 고용 제도
- 사회적 배려 대상자 전형 제도

① 역차별 개선 제도
② 사회적 약자 차별
③ 사회적 약자 복지
④ 전 국민 복지 정책

09 ㉠에 들어갈 말로 알맞은 것은?

'남자는 ~해야 한다, 여자는 ~해야 한다.'로 표현되는 (㉠)(으)로 인해 성차별이 생길 수 있다.

① 양성평등
② 허례허식
③ 분배 정의
④ 성 역할 고정 관념

07 사회적 약자에 대한 설명으로 옳지 <u>않은</u> 것은?

① 누구나 사회적 약자가 될 수 있다.
② 불리한 위치에서 어려움을 겪는 사람들이다.
③ 이주 노동자, 북한 이탈 주민, 장애인 등이 해당한다.
④ 사회적 약자가 겪는 편견은 부당한 차별로 이어지지 않는다.

주목
10 양성평등을 위한 노력으로 바람직한 것은?

① 여성과 남성의 활동 영역을 정확히 구별한다.
② 성 역할에 대한 고정된 의식을 계속 전파한다.
③ 성별의 다름을 이해하고 존중하는 태도를 가진다.
④ 개인 평가에서 개인의 능력보다 성별을 우선적 기준으로 삼는다.

02 Ⅲ 사회·공동체와의 관계 (1)
문화 다양성

1 다문화 사회의 모습

1. 문화의 의미와 특성

(1) 의미

인간이 주변 환경에 적응하면서 이루어 낸 생활 모습 **예** 의식주의 형태, 종교, 언어, 관습 등

(2) 특성

보편성	시간과 장소를 초월하는 보편성을 지님
다양성	각 사회의 환경과 구성원이 추구하는 가치관에 따라 다양하게 나타남
변동성	문화는 고정된 것이 아니라 시간의 흐름에 따라 그 모습이 달라짐

2. 다문화 사회의 의미와 형성 원인

(1) 의미

다양한 문화를 가진 사람들이 어울려 사는 사회

(2) 형성 원인

① 교통과 통신의 발달로 교류와 이동 증가
② 국제결혼과 취업 등으로 외국인 유입의 증가

(3) 다문화 사회의 장점

① 인류의 삶을 풍요롭게 하고, 더불어 살아가는 삶의 자세를 배울 수 있음
② 여러 문화의 가치를 이해하고 체험하며, 서로의 문화를 발전시킬 수 있음

3. 우리 안에 있는 다문화의 모습

(1) 다문화 사회에서 볼 수 있는 모습

① 다문화 이웃: 국제결혼 이주 남성과 여성, 다문화 가정 자녀, 외국인 노동자 등
② 다문화 마을: 인천의 차이나타운, 안산의 다문화 마을, 남해 독일 마을 등

☆(2) 다문화 사회에 필요한 자세

① 다름에 대해 이해하고 존중하는 태도를 가짐
② 함께 공존하면서 더 나은 삶을 만들어 낼 수 있다는 긍정적 태도를 가짐
③ 서로 다른 문화가 조화를 이룰 수 있도록 노력하고 관용의 자세를 가짐

콕콕 개념 확인하기

1. 다양한 문화를 가진 사람들이 함께 어울려 사는 사회를 _____ 사회라고 한다.
2. 다른 문화를 편견과 선입견 없이 따뜻하게 받아들이는 _____의 자세가 바람직하다.

답 1. 다문화 2. 관용

🔍 꼼꼼 단어 돋보기

● 국제결혼
국적이 다른 남녀가 하는 결혼

● 관용
너그럽게 용서하고 받아들임

2 자문화와 타 문화의 이해

1. 문화를 받아들이는 잘못된 태도

(1) 자문화 중심주의

의미	자기가 속한 집단의 문화만 우월하고 다른 집단의 문화는 열등하다고 보는 태도
문제점	• 국수주의로 나아가 국제적 고립을 초래할 수 있음 • 자기 문화만을 고집하면 다른 문화를 지닌 사람들과 갈등을 빚을 수 있음

(2) 문화 사대주의

의미	다른 문화를 우수한 것으로 믿고 자신의 문화를 낮게 평가하는 태도
문제점	자기 문화의 정체성과 주체성을 잃을 수 있음

(3) 자문화 중심주의와 문화 사대주의의 공통점

① 특정한 문화를 기준으로 다른 문화를 판단함으로써 문화 다양성을 해침
② 문화의 우열을 가리는 태도로 인해 구성원들 사이에 갈등을 유발함

(4) 극단적 문화 상대주의

의미	어떤 사회의 문화든지 무조건 다 좋고 옳다는 식의 극단적인 주장
문제점	인류의 보편적 가치를 무시하는 문화까지도 나름대로 가치가 있다고 여김

> **쏙쏙 이해 더하기** | **도덕 상대주의**
>
> 도덕 상대주의란 행위의 옳고 그름의 기준은 개인과 사회마다 다르므로 보편적인 도덕 기준은 없다고 보는 관점이다. 도덕 상대주의는 비도덕적인 행위까지 사회의 관습이나 전통이라는 이유로 정당화할 위험이 있으므로 경계해야 한다.
>
> 참고 전족과 명예 살인은 보편적 가치에 부합하지 않는 관습이므로 비판적인 시각에서 봐야 한다.

2. 문화를 받아들이는 바람직한 태도

(1) 문화 상대주의

의미	• 자기 문화에 대해 자긍심을 갖고 다른 문화에 대해서도 이해하려는 태도 • 문화를 바라보는 태도 중 가장 바람직한 태도
장점	문화의 다양성을 높이고, 풍요로운 삶을 살 수 있음

(2) 보편 규범과 문화

① 보편 규범: 모든 사람이 지켜야 하는 것
② 보편 규범에 비추어 자기 문화를 성찰하고 다른 문화를 바라볼 수 있어야 함
③ 인간 존엄성과 인권, 자유, 평등 등의 보편적 가치를 훼손하는 문화는 관용의 대상이 아님

> **콕콕 개념 확인하기**
>
> 1. 다른 문화를 지나치게 동경하여 자기 문화를 낮게 보는 태도를 문화 사대주의라고 한다. (O, X)
> 2. 자신의 문화에 대해서도 바르게 알고, 다른 문화도 존중하고 이해하려는 태도를 _____ (이)라고 한다.
>
> 답 1. ○ 2. 문화 상대주의

> **꼼꼼 단어 돋보기**
>
> ● 국수주의
> 자기 나라의 고유한 역사·전통·정치·문화만을 가장 뛰어난 것으로 믿고, 다른 나라나 민족을 배척하는 극단적인 태도
>
> ● 전족
> 여성의 발을 일부러 작게 만드는 것
>
> ● 명예 살인
> 집안의 명예를 훼손시켰다는 이유로 가족 구성원을 죽이는 관습

3 다문화 사회의 갈등

1. 다문화 사회의 갈등 원인과 모습
(1) 갈등의 원인
　　① 다른 문화에 관한 지식 부족으로 오해나 편견이 생김
　　② 자신의 문화만 강조하고 다른 문화를 이해하려고 하지 않음
　　③ 자기 문화를 기준으로 다른 문화를 바라보고 판단함

(2) 갈등의 모습
　　① 다른 문화에서 오는 생활 모습의 차이를 하등하게 대우하고 차별함
　　② 언어와 예절 등이 다르기 때문에 서로 간에 표현을 오해하게 되어 다툼이 발생함

2. 갈등 해결 노력
(1) 갈등 해결의 필요성
　　① 문화 갈등으로 인해 사회적 혼란이 발생할 수 있음
　　② 갈등을 해소함으로써 사회의 안정과 발전에 기여함

☆(2) 갈등 해결의 노력
　　① 개인적 차원
　　　• 편견과 선입견을 갖지 않기
　　　• 이주민들의 어려운 삶을 이해하고 배려하기
　　　• 이주민들의 문화를 이해하고, 우리 문화를 억지로 강요하지 않기
　　　• 다른 문화를 소외시키지 않고 관용의 자세로 받아들이기
　　② 사회적 차원
　　　• 다양한 문화를 존중하는 사회 분위기 조성하기
　　　• 다른 문화를 차별하지 않도록 하는 제도 마련하기
　　　• 다른 문화의 이해를 돕는 지속적인 교육 시행하기

콕콕 개념 확인하기

1. 다른 문화의 차이를 제대로 이해하지 못하면 갈등이 발생할 수 있다. (O, X)
2. 다른 문화를 가진 사람에게 낯선 우리의 문화를 억지로 강요하지 않아야 한다. (O, X)
3. 다문화 사회의 갈등을 해결하려면 사회적 차원의 노력만 필요하다. (O, X)

답　1. O　2. O　3. X

꼼꼼 단어 돋보기

● 소외
어떤 무리에서 꺼리면서 따돌림

01 문화적 차이로 인한 차별을 극복하기 위한 자세로 가장 적절한 것은? 2017년 2회

① 다른 사람의 생활 방식을 무시한다.
② 서로의 다름을 인정하고 존중한다.
③ 경제적 수준으로 문화를 평가한다.
④ 자기 문화에 대한 우월 의식을 갖는다.

03 다문화 사회에서 필요한 덕목으로 가장 적절한 것은?

① 관용
② 배타
③ 단절
④ 경계

04 다음과 같은 문화를 존중할 수 없는 도덕적 이유는? 2017년 1회

• 순장	• 전족 풍습	• 명예 살인

① 인간 존중의 정신에 어긋나기 때문에
② 다른 문화에 대한 정보가 부족하기 때문에
③ 다른 문화보다 우리 문화가 더 우월하기 때문에
④ 혈연, 학연, 지연을 지나치게 중시하는 문화 풍토 때문에

02 다양한 문화에 대한 설명으로 옳지 <u>않은</u> 것은?

① 인종, 국가, 언어 등에 따라 다양한 문화가 나타난다.
② 다양한 문화가 공존하는 사회를 다문화 사회라고 한다.
③ 문화가 다양한 것은 다채롭고 풍요롭다는 장점만 갖는다.
④ 살아가는 자연환경이 다르기 때문에 다른 문화가 만들어진다.

05 다음 설명에 해당하는 것은?

자신의 문화에 자긍심을 갖고, 다른 문화도 이해하려는 태도

① 도덕 상대주의
② 문화 사대주의
③ 문화 상대주의
④ 자문화 중심주의

06 다음에 나타난 문화를 바라보는 관점으로 알맞은 것은?

미국의 오페라와 공연 예절은 매우 세련되었어. 미국의 문화는 모든 면에서 우리의 문화보다 우월한 것 같아.

① 문화 상대주의
② 문화 사대주의
③ 문화 절대주의
④ 자문화 중심주의

주목

07 문화에 대한 태도로 바람직한 것은?

① 다른 문화는 무조건 수용해요.
② 자기 문화의 고유성보다 변화만 추구해야 해요.
③ 주관적 가치를 중요하게 생각해요.
④ 문화가 도덕적 기준에 맞는지 비판적으로 평가해요.

08 다양한 문화를 대하는 자세로 가장 적절한 것은?

2018년 2회

① 낯선 문화와는 교류하지 않는다.
② 다른 문화에 대한 지식은 거부한다.
③ 다른 문화를 무시하거나 차별적으로 대한다.
④ 다른 문화를 이해하려는 열린 마음을 가진다.

09 다문화 사회의 갈등의 원인은?

① 공감
② 존중
③ 편견
④ 배려

주목

10 다문화 사회의 갈등을 해결하기 위한 노력으로 바람직하지 않은 것은?

① 우리의 문화를 억지로 강요하지 않는다.
② 국가 차원에서 이주민의 정착을 막는다.
③ 이주민들 삶의 어려움을 이해하고 돕는다.
④ 다문화를 존중하는 사회 분위기를 조성한다.

03 세계 시민 윤리

1 나와 세계 시민

1. 세계화의 의미와 영향

(1) 의미

세계 여러 나라가 정치, 경제, 사회, 문화 등 다양한 분야에서 서로 영향을 주고받으면서 교류가 많아지는 현상

(2) 원인

교통과 정보 통신 기술의 발달로 사람, 물건, 자본의 이동이 자유로워짐

(3) 영향

긍정적 영향	• 단일 국가 혼자서는 해결할 수 없는 문제를 협력하여 해결할 수 있음 • 문화가 다양화되어 풍요로운 사회를 만들 수 있음 • 판매자는 넓은 시장을 이용할 수 있으며, 소비자는 다양한 상품을 선택할 수 있음
부정적 영향	• 세계 통합을 지나치게 강조하면 문화가 획일화될 수 있음 • 선진국이 경제적 이득을 독점하여 국가 간 빈부 격차가 심화될 수 있음

2. 세계 시민의 의미와 바른 자세

(1) 의미

자신이 세계와 상호 작용을 하면서 살아간다는 인식을 바탕으로, 지구 공동체의 문제에 관심을 가지며 해결하려고 노력하는 사람

☆(2) 바른 자세

① 한국인의 정체성을 유지하면서 세계 시민으로서의 보편성도 함께 지녀야 함
② 지구촌에 대하여 이해하고 지구촌 문제에 관심을 가져야 함
③ 서로 다른 문화와 사람들을 인정하고 존중해야 함

쏙쏙 이해 더하기 | **한국인의 정체성**

홍익인간 사상	널리 인간 세계를 이롭게 한다는 생명 존중의 정신
풍류 정신	마음의 여유를 갖고 즐겁게 살아가는 삶의 지혜와 멋
평화 애호 정신	평화를 사랑하고 폭력적인 상황을 피하려고 하는 정신
자연 애호 정신	자연을 아끼고 사랑하며 자연과 함께 더불어 사는 삶의 자세
선비 정신	의리와 지조를 바탕으로 철저한 자기 수양을 통해 학문과 덕을 쌓아 올바른 것을 실천하려는 정신

🔍 꼼꼼 단어 돋보기

● 지구촌
지구 전체를 한 마을로 여기는 것

1. 전 세계가 여러 분야에서 서로 연결되는 현상을 _____(이)라고 한다.
2. 지구촌 문제에 관심을 가지고 해결하기 위해 노력하는 사람을 _____(이)라고 한다.
3. 세계화 시대의 세계 시민으로서 한국인의 정체성을 포기해야 한다. (O, X)

답 1. 세계화 2. 세계 시민 3. X

2 세계 시민이 직면한 도덕 문제와 그 해결 방안

1. 세계 시민이 직면한 도덕 문제

환경 오염	• 원인: 무분별한 개발과 에너지 소비, 인간의 욕심으로 자연환경이 심각하게 파괴됨 • 결과: 기후 변화, 지구 온난화, 생물의 다양성 감소, 각종 기상 이변, 사막화 현상, 미세 먼지, 전염병 증가 등으로 인류의 안전한 삶과 생태계의 균형이 위협받음 • 노력: 인류가 공동의 책임 의식을 가지고 환경 문제를 해결하려고 노력해야 함
빈곤	• 원인: 가난, 자연재해, 전쟁, 부의 불공정한 분배, 열악한 환경 등 인간답게 살기 위한 여건의 부족 • 결과: 물, 식량, 위생적인 주거, 교육 등의 부족으로 굶주림과 질병 등을 겪으며 사망으로 이어짐 • 노력: 빈곤 문제로 어려움을 겪는 사람들을 도와주어야 함
문화의 충돌과 획일화	• 원인 – 문화의 충돌: 서로 다른 문화로 인해 오해와 갈등이 발생함 – 문화의 획일화: 선진국의 문화를 중심으로 획일화됨 • 결과 – 문화의 충돌: 폭력과 전쟁이 발생할 수 있음 – 문화의 다양성 훼손: 소수의 문화가 소멸되고 다양성이 줄어듦 • 노력: 서로 다른 문화가 공존할 수 있도록 다른 문화를 특수한 환경과 역사적·사회적 맥락에서 이해하려는 태도가 필요함
평화 위협	• 원인: 영토와 자원 확보를 위한 전쟁, 종교 갈등, 테러 등의 발생 • 결과 – 무력 충돌로 인명 피해 및 난민 발생 – 인간답게 살아가기 위한 권리와 안전이 위협받고 파괴됨 • 노력 – 모든 사람이 전쟁의 위협에서 벗어나 인간다운 삶을 살 수 있도록 해야 함 – 개별 국가의 평화를 넘어 인류 전체의 평화를 위한 노력이 필요함

2. 세계 시민이 직면한 도덕 문제의 해결 방안
(1) 지구 공동체의 도덕 문제에 관심을 가져야 하는 이유
① 협력: 여러 나라가 힘을 합쳐야 해결할 수 있는 문제가 많음
② 인간의 도리: 어려운 처지의 사람을 돕는 것은 인간으로서 당연한 도리임
③ 개인의 삶에 영향: 지구 공동체의 문제는 나의 문제와 직간접적으로 연결됨

꼼꼼 단어 돋보기

● 난민
전쟁이나 재난을 피해 다른 안전한 곳으로 탈출하는 사람들

(2) 개인적 노력

① 지구촌 이웃의 고통에 관심 갖기: 자원봉사, 자매결연, 후원 및 기부, 공정 무역 제품⁺ 구매 등

② 지구 환경을 위해 노력하기: 환경친화적 소비, 에너지 절약, 자원 절약 등

(3) 사회적·국제적 노력

① 우리나라

- 지구 공동체의 문제를 해결하기 위한 법과 제도 만들기
- 빈곤한 나라와 지구 공동체 문제 해결에 노력하는 사람들 지원하기

② 국제기구: 빈곤 퇴치, 평화 유지, 환경 문제 해결 등을 위해 여러 국가가 참여하여 설립함

국제 연합 (UN)	국제 평화와 안전 유지, 경제적·사회적·문화적·인도적 문제에 관한 국제 협력 달성 추구
유네스코 (UNESCO)	교육, 과학, 문화의 보급과 국제 교류 증진을 통한 국가 간의 이해와 세계 평화 추구

③ 비정부 기구(NGO)의 노력: 국가적 협력만으로는 해결하기 어려운 문제를 위해 세계 시민들이 자발적으로 구성함

그린피스	환경 문제의 해결을 위해 활동하는 민간단체
국경없는의사회	긴급 구호 활동을 하는 민간 의료 구호 단체
해비타트	열악한 주거 환경의 개선을 위해 집을 지어 주는 비영리 국제단체

> ✚ 공정 무역 제품
>
> 생산자들과 노동자들의 권익을 보장하고 제품의 생산, 운송, 판매 단계에서 환경과 사회적 측면을 고려한 제품이다. 공정 무역 제품을 구매할 경우 빈곤, 환경, 인권 문제 등을 개선하는 데 기여할 수 있다.

콕콕 개념 확인하기

1. 환경 문제는 원인을 제공한 나라에서 알아서 해결해야 한다. (O, X)
2. 지구촌 문제는 개인의 삶과도 연결되어 있으므로 관심을 가져야 한다. (O, X)
3. 강대국 중심으로 문화가 획일화되는 상황에서 자국의 문화를 지키기 위해서는 철저히 다른 문화를 배척해야 한다. (O, X)
4. _____은/는 세계 시민들이 국제적 문제를 해결하기 위해 자발적으로 구성한 단체이다.
5. 지구촌 문제 해결에 개인의 노력은 도움이 안 된다. (O, X)

답 1. X 2. O 3. X 4. 비정부 기구(NGO) 5. X

> 🔍 꼼꼼 단어 돋보기
>
> ● 인도적
>
> 사람으로서 마땅히 지켜야 할 도리에 관계되는 것

01 다음 설명에 해당하는 것은?

세계 여러 나라가 정치, 경제, 사회, 문화 등 전 분야에서 서로 영향을 미치며 살아가는 것을 말해요.

① 세계화
② 지방화
③ 지역 단합화
④ 지역 분권화

02 세계화의 영향으로 옳지 <u>않은</u> 것은?

① 세계 시민의 역할이 중요해진다.
② 각 국가의 문화 고유성이 유지된다.
③ 각국 사람들의 상호 의존도가 높아진다.
④ 지구가 하나의 공동체라는 지구촌 의식이 강해진다.

03 세계화 시대의 바람직한 시민의 자세로 적절한 것은?

2016년 2회

① 국민의 역할과 의무를 소홀히 한다.
② 지구가 처한 어려움에 대해서는 외면한다.
③ 다른 나라 사람들을 괴롭히고 힘들게 한다.
④ 나라의 발전과 인류의 평화를 위해 노력한다.

주목

04 ㉠에 들어갈 알맞은 단어는?

세계화 시대를 살아가는 한국인은 세계 시민의 보편성과 함께 홍익인간, 풍류 정신, 선비 정신 등 고유한 (㉠)을/를 잊지 않아야 한다.

① 개방성
② 보편성
③ 정체성
④ 다양성

05 지구 공동체 문제를 개선하기 위한 노력으로 바람직한 것은?

2017년 1회

① 빈곤 국가의 어린이 후원 활동을 축소한다.
② 지구 온난화 문제에 대해 관심을 갖지 않는다.
③ 질병 예방을 위한 비정부 기구의 활동을 금지한다.
④ 외국의 자연재해에 대한 정부 차원의 지원을 강화한다.

06 다음에서 설명하는 세계 시민이 직면한 도덕 문제에 해당하는 것은?

> • 기후 변화　　　• 지구 온난화
> • 전염병 증가　　• 각종 기상 이변

① 빈곤 문제
② 환경 오염 문제
③ 평화 위협 문제
④ 문화 다양성 훼손 문제

07 평화 위협 문제에 대한 설명으로 옳지 <u>않은</u> 것은?

① 나라와 살 곳을 잃은 난민들이 발생한다.
② 무력 충돌로 인해 다치는 사람들이 생긴다.
③ 영토와 자원 확보를 위해 발생하기도 한다.
④ 종교는 평화 유지에 기여하므로 갈등의 원인이
　될 수 없다.

08 지구 공동체의 문제에 관심을 가져야 하는 이유로 바람직하지 <u>않은</u> 것은?

① 경제적 이익을 얻을 수 있다.
② 여러 나라가 힘을 모아야 해결할 수 있다.
③ 지구의 문제는 나와 직간접적인 연관이 있다.
④ 어려운 처지의 사람을 돕는 것은 당연한 도리이다.

주목

09 지구 환경을 위한 개인적 노력에 해당하지 <u>않는</u> 것은?

① 물 아껴 쓰기
② 일회용품 쓰지 않기
③ 플라스틱 제품 사용 줄이기
④ 가까운 거리는 자동차 이용하기

10 ㉠에 들어갈 내용으로 적절하지 <u>않은</u> 것은?　2020년 1회

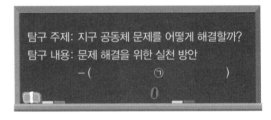

> 탐구 주제: 지구 공동체 문제를 어떻게 해결할까?
> 탐구 내용: 문제 해결을 위한 실천 방안
> 　－(　　　　　㉠　　　　　)
> 　　　　　　　　 0

① 인류 평화를 위해 국가 간에 협력하기
② 빈곤 국가에 대해 관심을 갖고 후원하기
③ 질병 예방을 위해 비정부 기구 활동 금지하기
④ 지구 온난화 문제 해결을 위해 적극적으로 참여하기

걱정을 해서
걱정이 없어지면
걱정이 없겠네.

– 티베트 속담

타인과의 관계 (2)

Ⅳ 타인과의 관계 (2)

정보 통신 윤리

1 정보화 시대의 도덕 문제

1. 정보화 시대의 의미와 특성

(1) 정보화 사회의 의미

① 정보 기기의 사용이 자유롭고 정보가 대량으로 생산·가공·유통되는 사회

② 산업, 경제, 생활 전반의 활동에서 정보가 중시되는 사회

(2) 정보화 시대의 의미

정보가 사회 구조와 인간의 습관 및 가치관에 큰 영향을 주는 시대

(3) 정보화 시대의 특성

① 다양한 정보를 쉽게 검색하고 이용할 수 있음

② 새로운 정보를 만들어 내고 자유롭게 공유함

③ 정보를 다루는 새로운 직업과 작업 환경이 탄생함

2. 정보화 시대의 긍정적인 면과 부정적인 면

(1) 긍정적인 면

① 편리한 삶: 시공간의 제약을 초월할 수 있어 생활이 편리해지고 삶의 질이 향상됨

② 자유로운 인간관계: 나이, 성별, 국적에 관계없이 다양한 인간관계를 맺을 수 있음

☆(2) 부정적인 면

① 사이버 폭력: 사이버 공간에서 정보 통신 기술을 이용한 폭력이 발생함

　　예 사이버 명예 훼손, 사이버 스토킹, 사이버 성폭력, 사이버 따돌림 등

② 사생활 침해: 다른 사람의 개인 정보, 사생활 정보를 불법으로 수집하고 퍼트림

③ 인터넷 중독: 일상생활과 현실의 인간관계를 외면하고 가상 세계에 지나치게 몰두함

④ 지적 재산권 침해: 다른 사람의 창작물을 무단으로 이용하여 지적 재산권을 침해함

⑤ 해킹이나 바이러스 유포: 불특정 다수의 정보 기기에 침입하여 피해를 줌

⑥ 정보 격차: 정보 기기, 양질의 정보 확보, 정보를 다루는 능력의 차이로 사회적·경제적 격차가 심화됨

✚ 정보화 시대에 생겨난 새로운 용어

• 팝콘 브레인: 정보 기기에 익숙한 나머지 뇌가 크고 강렬한 자극에만 반응하는 현상

• 과잉의 역설: 정보가 너무 많아서 관심이 줄어드는 현상

• 데이터 스모그: 불필요한 정보가 너무 많이 퍼지는 현상

• 디지털 치매: 디지털 기기에 지나치게 의존한 나머지 기억력과 계산 능력이 떨어지는 현상

• 디지털 네이티브: 어린 시절부터 디지털 환경에서 자라 급속한 디지털 변화에도 빨리 적응하는 세대

✚ 사이버 공간의 특성

• 익명성: 어떤 일을 한 사람이 드러나지 않음

• 비대면성: 직접 사람을 대하지 않아도 소통할 수 있음

• 무제약성: 시공간의 제약 없이 자유롭게 활동함

• 개방성: 누구나 정보에 접근할 수 있음

• 자율성: 누구나 자발적으로 참여할 수 있음

콕콕 개념 확인하기

1. _____ 사회는 정보가 대량으로 만들어지고 유통되며, 생활 전반에서 정보가 중시되는 사회를 말한다.

2. 사이버 공간에서는 현실의 자신을 감추고 활동할 수 있다. (O, X)

3. 정보화 시대에는 개인 정보의 철저한 보안이 유지되므로 사생활 침해는 일어나지 않는다. (O, X)

답 1. 정보화 2. O 3. X

🔍 꼼꼼 단어 돋보기

● 개인 정보

나와 다른 사람을 구별해 주는 정보로 성명, 주민 등록 번호, 주소 등 살아 있는 특정 개인을 알아볼 수 있는 것

2 정보화 시대의 도덕적 책임

1. 도덕적 책임의 필요성
① 익명성과 비대면성으로 인해 잘못을 쉽게 저지르고 죄책감을 크게 느끼지 못함
② 정보의 전파 속도가 빠르고 범위가 넓어 정보를 삭제하거나 바로잡기 어려움
③ 정보의 삭제와 수정이 어려워 정보로 인한 피해가 지속될 수 있음

2. 정보화 시대에 요구되는 도덕 원칙

(1) 존중의 원칙
① 다른 사람을 자신과 같이 소중히 여기고 존중해야 함
② 누구나 자신의 의견을 표현할 권리가 있음을 인정해야 함
③ 다른 사람의 사생활과 지적 재산권을 침해하지 않아야 함

(2) 책임의 원칙
① 자신의 말과 행동에 책임을 져야 함
② 자신의 행동이 어떤 결과를 낳을지 미리 생각해 보고 행동해야 함
③ 사이버 공간에서는 자신의 행동이 기록으로 남기 때문에 더 신중해야 함

(3) 정의의 원칙
① 사이버 공간에서도 법을 잘 준수해야 함
② 공정하고 올바른 것을 추구하는 자세가 필요함

☆ **(4) 해악 금지의 원칙**
① 다른 사람에게 피해를 주지 않아야 함
② 사이버 공간에서는 피해 속도가 빠르고 피해 범위가 넓어 해악의 파급력이 큼

콕콕 개념 확인하기

1. 사이버 공간은 가상의 공간이므로 예절과 법의 적용을 받지 않는다. (O, X)
2. 사이버 공간에서는 피해가 빠르게 퍼지기 때문에 다른 사람에게 해를 끼치지 않도록 해야 한다.
(O, X)

답 1. X 2. O

---

3 정보 통신 매체의 올바른 사용

1. 정보 통신 매체를 올바르게 사용해야 하는 이유

(1) 인터넷 중독
① 통신 매체의 지나친 사용으로 정신적·신체적 건강이 나빠짐
② 정상적인 인간관계를 형성하거나 평범한 일상생활을 보내기 어려움

(2) 부정확하고 잘못된 정보가 많음
① 정보가 너무 많아 정작 자신에게 필요한 정보를 찾기 힘듦
② 비판적 사고 없이 정보를 받아들인다면 정확하고 신뢰할 수 있는 정보와 그렇지 않은 정보를 구별하지 못함

(3) 사람을 판단하고 해석하는 도구가 됨
인터넷에 남아 있는 글과 사진을 통해 다른 사람이 자신을 판단할 때 영향을 줌

🔍 **꼼꼼 단어 돋보기**

● 해악
해가 되는 나쁜 일

2. 정보 통신 매체를 사용하는 올바른 태도

절제하는 태도	• 정보 통신 매체는 필요할 때 적절한 시간만큼만 이용할 것 • 인터넷에 글을 쓸 때는 감정에 치우치지 않아야 하며 꼭 써야 하는 가치가 있는지 생각해 볼 것
비판적인 태도	• 정보 리터러시+를 갖출 것 • 믿을 만한 정보인지 의심을 갖고 근거를 확인해 볼 것 • 필요한 정보를 찾을 때 적절한 검색어를 확인하고 선택할 것
다른 사람을 존중하는 태도	• 네티켓을 지킬 것 • 개인 정보를 노출하지 않도록 주의할 것 • 다른 사람의 창작물을 함부로 사용하지 않을 것 • 다른 사람의 정보나 사생활을 침해하지 않을 것

+ 정보 리터러시
정보를 주체적으로 선택하고 능동적으로 활용할 수 있는 능력을 말한다.

3. 사이버 폭력의 예방과 대처

(1) 사이버 폭력을 당했을 경우

① 감정적으로 대응하지 않고 분명하게 폭력에 대한 거부 의사를 표현하기

② 혼자 고민하지 않고 주변 어른들(부모님, 선생님 등)께 도움을 요청하기

③ 증거물을 모아 경찰청 사이버안전지킴이 등과 같은 관련 기관에 상담·신고하기

(2) 사이버 폭력을 목격했을 경우

폭력을 방관하지 말고 중단할 것을 적극적으로 요구하기

콕콕 개념 확인하기

1. 정보 통신 매체를 통해 획득한 정보는 모두 정확하고 신뢰할 수 있다. (O, X)
2. _____은/는 인터넷을 통해 원하는 정보를 검색하고 비판적으로 활용할 수 있는 능력을 말한다.
3. 사이버 폭력의 피해자는 가해자에게 더 심한 욕설로 대응하는 것이 가장 좋은 해결책이다. (O, X)

답 1. X 2. 정보 리터러시 3. X

꼼꼼 단어 돋보기

● **네티켓**
네트워크와 에티켓의 합성어로 사이버 공간에서 지켜야 할 기본 예절

● **방관**
어떤 일에 직접 나서서 관여하지 않고 곁에서 보기만 함

탄탄 실력 다지기

정답과 해설 12쪽

01 정보화 시대의 특징으로 적절하지 <u>않은</u> 것은?

① 정보 기기의 발달로 정보를 쉽게 공유한다.
② 새로운 정보와 지식이 부가 가치를 창출한다.
③ 전자 상거래의 확산으로 인터넷 소비가 증가한다.
④ 정보를 다루는 특수한 직업의 필요성이 감소한다.

02 다음 대화에 해당하는 사이버 공간의 특성으로 가장 적절한 것은?

2019년 2회

 내가 누구인지 아무도 모르니까 내 멋대로 표현할 거야.

 그건 자신의 신분을 숨기고 책임을 회피하는 잘못된 행동이야.

① 익명성   ② 개방성
③ 평등성   ④ 획일성

03 다음에서 설명하는 정보화 시대의 문제점은?

- 타인에 대한 허위 정보를 유포한다.
- 타인에게 모욕감을 주는 댓글을 남긴다.

① 사이버 폭력
② 사생활 침해
③ 인터넷 중독
④ 저작권 침해

04 인터넷 중독의 문제점으로 옳지 <u>않은</u> 것은?

① 정보 리터러시 역량을 향상할 수 있다.
② 장시간 인터넷 사용으로 인해 시력이 나빠질 수 있다.
③ 가상 공간의 삶에 빠져 일상생활에 지장을 줄 수 있다.
④ 현실에서 친밀한 인간관계를 맺는 것이 어려울 수 있다.

주목

05 다음 대화에서 찾을 수 있는 정보화 시대의 문제점으로 알맞은 것은?

 스마트폰만 있으면 언제든지 궁금한 정보를 찾을 수 있어서 편리한 것 같아. 스마트폰이 없던 시절에는 너무 불편했을 거야.

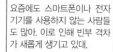 요즘에도 스마트폰이나 전자 기기를 사용하지 않는 사람들도 많아. 이로 인해 빈부 격차가 새롭게 생기고 있대.

① 정보 격차
② 사생활 침해
③ 바이러스 유포
④ 지적 재산권 침해

06 사이버 공간에서 지켜야 할 덕목이 <u>아닌</u> 것은?

2020년 1회

① 예의
② 존중
③ 절제
④ 해악

07 ㉠에 들어갈 알맞은 말은?

2018년 1회

주제: 사이버 공간에서의 (㉠)
내용: 사이버 공간에서는 현실 공간에서와 마찬
가지로 자신의 행동이 어떤 결과를 낳을지
신중하게 생각하고 행동해야 한다.

① 용기　　　　② 책임
③ 알 권리　　　④ 무제약성

08 다음 중 사이버 공간에서 지켜야 할 행위로 바람직한 것은?

2020년 2회

① 비속어 사용
② 저작권 침해
③ 바른 언어 사용
④ 개인 정보 무단 유출

09 정보 통신 매체를 사용하는 올바른 태도가 <u>아닌</u> 것은?

① 정보 통신 매체를 정해진 시간만큼만 이용한다.
② 정보 리터러시 능력을 길러서 정보를 검색한다.
③ 인터넷에 올라온 글을 무조건 신뢰하여 받아들인다.
④ 타인의 개인 정보나 사생활을 함부로 침해하지 않는다.

주목
10 사이버 폭력에 대처하는 방법을 〈보기〉에서 모두 고른 것은?

보기
ㄱ. 감정적으로 대응하기
ㄴ. 폭력 상황을 수용하기
ㄷ. 관련 기관에 신고하기
ㄹ. 주변에 도움 요청하기

① ㄱ, ㄴ
② ㄱ, ㄷ
③ ㄴ, ㄷ
④ ㄷ, ㄹ

02

평화적 갈등 해결

1 갈등의 발생

1. 갈등의 의미와 특징

☆(1) 의미

① 두 가지 이상의 감정이나 의지가 서로 충돌하는 상태

② 개인이나 집단 사이에 입장이나 추구하는 가치가 달라 충돌하는 상태

(2) 특징

① 누구나 일상 속에서 수시로 경험함

② 다양한 사람들이 살아가면서 겪게 되는 당연하고 자연스러운 일

③ 내적 갈등(개인의 내면)과 외적 갈등(개인과 개인, 개인과 집단, 집단과 집단) 형태로 경험하게 됨

2. 갈등의 원인

사실 관계 갈등	같은 사건 또는 관련 자료를 다르게 해석하면서 발생하는 갈등
이해관계 갈등	한정된 자원을 분배하는 과정에서 발생하는 갈등
가치관 갈등	사람마다 사물과 현상을 바라보는 관점이 달라 발생하는 갈등
인간관계 갈등	상대방에 대한 오해와 불신, 잘못된 의사소통으로 생기는 갈등
구조적 갈등	사회 구조 및 제도, 관행 등으로 생기는 갈등

3. 갈등에 대처하는 유형

경쟁형	자신의 주장만을 끝까지 밀어붙이면서 자신 위주로 생각함
공격형	힘이나 폭력의 방법을 사용하여 강압적으로 상대방을 위협하며 해결하려 함
회피형	갈등 상황을 인식하더라도 해결하려 하지 않고, 외면하며 저절로 해결되길 바람
타협형	중간적 입장에서 적당히 손해를 보며 신속하게 해결하고자 함
순응형	상대방의 주장과 요구를 그대로 받아들이고 충족시켜 줌
협력형	서로 똑같이 중요하게 생각하며, 모두 만족할 수 있는 결과를 찾기 위해 대화와 양보를 통해 노력함

✚ 갈등에 대한 시각

- 부정적 시각(갈등 통제): 갈등은 공동체의 분열과 혼란을 만들어 사회 발전을 저해한다.
- 긍정적 시각(갈등 해결): 갈등은 서로의 차이를 알고 해결하면서 공동체의 발전을 도모할 기회가 된다.

✚ 갈등 원인의 사례

- 사실 관계 갈등: 커피를 마시는 것은 건강에 좋다 또는 좋지 않다고 다르게 해석
- 이해관계 갈등: 새로운 지하철역의 건설, 쓰레기 소각장의 위치 선정, 주차 공간 등
- 가치관 갈등: 세대 갈등, 문화 갈등, 종교 갈등, 신념 갈등 등
- 인간관계 갈등: 예의 없는 행동
- 구조적 갈등: 고부 갈등, 군대에서의 인권 침해 등

콕콕 개념 확인하기

1. 갈등은 자주 생기지 않는 특수한 상황이므로 해결하기가 더욱 어렵다. (O, X)
2. 사람마다 사물과 현상을 바라보는 관점이 달라 생기는 갈등을 _____ 갈등이라고 한다.
3. 협력형은 갈등을 처리할 때 양보와 대화를 통해 양쪽 모두 만족할 수 있는 결과를 찾는다. (O, X)

답 1. X 2. 가치관 3. O

🔍 꼼꼼 단어 돋보기

● 이해관계

서로 이익과 손해가 걸려 있는 관계

2 평화적인 갈등 해결

1. 평화적 갈등 해결의 의미와 필요성

(1) 의미

① 갈등의 당사자들이 원만한 방법으로 갈등을 해결하기 위해 대안을 찾는 것

② 폭력을 사용하지 않고 서로 이해하고 인정하며 화해하는 것

(2) 필요성

① 오해를 풀고 신뢰를 회복할 수 있음 → 굳건한 인간관계 형성 가능

② 양쪽 모두 만족하는 결과를 얻을 수 있음 → 갈등의 근본적 해결 가능

③ 더 큰 폭력과 전쟁을 예방할 수 있음 → 많은 생명과 안전 보장

2. 평화적 갈등 해결의 자세와 방법

(1) 자세

① 갈등의 객관적 이해: 갈등의 원인을 파악하고 자신과 상대방의 주장이 어떻게 다른지 이해해야 함

② 상대방 존중: 상대방의 말을 경청하며 관용과 역지사지의 자세를 가져야 함

③ 이성적 대응: 감정적 대응, 폭력적인 말과 행동은 자제해야 함

④ 양보와 타협: 상대방의 의견을 수용하고 의견 차이를 좁히려고 노력해야 함

⑤ 결과 수용: 합의된 결과를 받아들이고 이행해야 함

(2) 갈등을 평화적으로 해결하는 방법

협상	대화를 통해 당사자들 모두가 만족할 만한 합의를 이끌어 내는 방법
조정[+]	제삼자가 개입하여 갈등의 당사자끼리 합의하도록 도와주는 방법
중재	제삼자가 양측의 이야기를 들어 보고 중립적인 해결책을 내놓는 방법
다수결의 원칙	가장 많은 사람이 동의하는 의견을 따르는 방법

+ 또래 조정

또래 조정은 조정 훈련을 받은 학생이 직접 조정인이 되어 갈등 해결에 참여하는 것이다. 또래 조정자는 갈등의 원인을 밝히고 당사자들끼리 서로의 감정을 파악할 수 있도록 도와준다.

3. 비폭력 대화법

(1) 비폭력 대화법의 의미

상대방을 비난하지 않으면서 자신의 마음을 표현하는 방법

(2) 비폭력 대화법의 4단계

관찰한 것 말하기 → 느낌 말하기 → 원하는 것 말하기 → 상대방에게 부탁하기

콕콕 개념 확인하기

1. _____은/는 당사자들이 자발적으로 대화에 참여하여 만족할 만한 합의를 이끌어 내는 방법이다.
2. _____은/는 학생들 간의 갈등을 또래 조정자가 개입하여 학생들끼리 해결하는 방법이다.

답   1. 협상   2. 또래 조정

꼼꼼 단어 돋보기

● 제삼자

일정한 일에 직접 관계가 없는 사람

탄탄 실력 다지기

정답과 해설 13쪽

주목

01 갈등의 특징을 〈보기〉에서 모두 고른 것은?

> **보기**
> ㄱ. 갈등은 외적으로만 나타난다.
> ㄴ. 갈등은 추구하는 바가 다를 때 발생한다.
> ㄷ. 갈등은 누구나 경험하는 자연스러운 일이다.
> ㄹ. 갈등은 스트레스를 주기 때문에 해롭기만 하다.

① ㄱ
② ㄴ, ㄷ
③ ㄷ, ㄹ
④ ㄴ, ㄷ, ㄹ

02 다음 대화에 나타난 갈등의 원인은?

> A: 여기 제가 주차하는 곳인데 차 좀 빼 주세요.
> B: 아무 표시도 안 되어 있었는데 제가 어떻게 알았겠
> 어요.
> A: 제가 살고 있는 집 앞이니 제 공간입니다.
> B: 저도 근처에 살고 있습니다.

① 구조적 갈등
② 가치관 갈등
③ 인간관계 갈등
④ 이해관계 갈등

03 갈등이 생기는 원인이 <u>아닌</u> 것은?

① 서로 욕구가 다르기 때문에
② 서로 의견이 다르기 때문에
③ 서로 나서서 도우려고 하기 때문에
④ 서로 중요하게 생각하는 가치가 다르기 때문에

04 다음 일기를 통해 알 수 있는 갈등의 원인은?

> ○○○○년 ○○월 ○○일
> 　나는 그림을 그리면서 시간을 보내는 것이 너무 행복하다. 나중에 직업도 그림과 관련된 직업을 가지고 싶다. 그런데 부모님께서는 그림을 그리는 직업은 경제적으로 안정적인 직업이 아니기 때문에 장래 희망을 바꾸라고 말씀하신다. 과거와 달리 그림과 관련된 산업이 발달되어서 열심히 최선을 다하면 부모님이 걱정하지 않으셔도 된다고 말씀드려도 설득이 안 된다. 매일매일 나의 장래 희망으로 부모님과 의견 다툼이 생기는 것이 너무나 괴롭다.

① 구조적 갈등
② 가치관 갈등
③ 이해관계 갈등
④ 사실 관계 갈등

05 ㉠에 들어갈 말로 알맞은 것은?

> (㉠)은/는 갈등을 대처하는 유형 중 모두가 만족할 수 있는 결과를 찾기 위해 노력하는 것이다.

① 타협형
② 순응형
③ 협력형
④ 회피형

06 ㉠에 들어갈 학급 규칙으로 적절하지 <u>않은</u> 것은?

2019년 1회

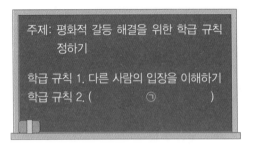

주제: 평화적 갈등 해결을 위한 학급 규칙
　　　정하기

학급 규칙 1. 다른 사람의 입장을 이해하기
학급 규칙 2. (　　　　　㉠　　　　　)

① 대화를 통한 의사소통하기
② 공감하고 배려하는 자세 갖추기
③ 양보하고 타협하는 생활 태도 갖기
④ 고정 관념과 편견으로 다른 사람 대하기

07 평화적 갈등 해결의 자세로 적절하지 <u>않은</u> 것은?

2016년 2회

① 대화와 소통
② 양보와 타협
③ 공감과 경청
④ 편견과 고정 관념

08 갈등을 평화적으로 해결하려고 노력하는 학생은?

① 상대방한테 내 입장만 내세우면 돼.
② 감정적으로 행동해야 빨리 해결돼.
③ 나에게만 피해가 없도록 해결하면 돼.
④ 상대방의 생각이 무엇인지 잘 들어줘야 해.

주목
09 ㉠, ㉡에 들어갈 알맞은 말을 순서대로 나열한 것은?

(　㉠　): 제삼자가 개입하여 당사자끼리 합의하도록
　　　　　 돕는 방법
(　㉡　): 당사자들이 대화를 통해 모두가 만족할 만
　　　　　 한 합의를 이끌어 내는 방법

	㉠	㉡
①	협상	조정
②	조정	협상
③	양보	협상
④	다수결	양보

10 ㉠에 들어갈 말로 적절한 것은?

　　갈등을 평화적으로 해결하기 위해서는 상대방의 처
지를 생각해 보는 (　㉠　)의 자세와 다른 의견을 너그
럽게 받아들이는 관용의 자세가 필요하다.

① 편견
② 선입견
③ 역지사지
④ 지레짐작

03

IV 타인과의 관계 (2)
폭력의 문제

1 폭력의 비도덕성

1. 폭력의 의미⁺와 원인

(1) 의미

① 다른 사람에게 신체적·심리적 피해를 주기 위해 부당한 방법을 사용하여 상대를 강제적으로 제압하는 행위

② 신체적 폭력과 같은 직접적인 방법뿐만 아니라 따돌림과 같은 정신적·간접적인 방법도 폭력임

(2) 원인

개인적 원인	• 의사소통을 하려고 하지 않기 때문 • 감정을 조절하는 능력이 부족하기 때문 • 공감 능력이 부족하고 수치심과 죄책감을 잘 느끼지 못하기 때문 • 본인이 원하는 것을 얻고자 할 때 의도적으로 폭력을 사용하려 하기 때문
사회적 원인	• 대중 매체에서 무분별하게 폭력 장면을 노출하기 때문 • 폭력을 쉽게 용인하는 사회 분위기가 조성되어 있기 때문

2. 폭력이 비도덕적인 이유

(1) 인간 존엄성 훼손

폭력은 인간으로서 누려야 할 자유, 평등, 안전 등의 권리를 침해함

(2) 신체적·정신적 고통

① 피해자: 신체적·정신적 고통을 겪으며 자신감을 상실할 수 있고, 사람을 경계하게 되어 정상적인 생활이 어려워짐

② 가해자: 자신의 폭력 행위에 대한 법적·경제적 책임으로 고통을 겪거나 비난과 죄책감 등을 이유로 괴로움을 느낌

③ 주변인: 피해자의 가족이나 친구들도 같이 고통을 겪음

(3) 폭력의 악순환

피해자가 상대방에 대한 분노와 복수심 때문에 폭력을 사용할 수 있음

(4) 사회적 혼란

폭력으로 인해 사회 정의와 질서가 무너지고 혼란이 발생할 수 있음

> **콕콕 개념 확인하기**
>
> 1. 공감 능력과 감정 조절 능력이 부족할 때 폭력이 발생할 수 있다. (O, X)
> 2. 폭력은 다른 사람의 자유와 권리를 침해하기 때문에 인간의 존엄성을 훼손한다. (O, X)
>
> 답 1. O 2. O

✚ 폭력의 의미

• 좁은 의미: 다른 사람의 신체나 재산에 해를 입히며 자신의 의도와 목적을 이루는 행위

• 넓은 의미: 다른 사람의 자유롭고 평화로운 생활을 방해하는 모든 행위

📖 꼼꼼 단어 돋보기

● **대중 매체**

신문, 잡지, 영화, 텔레비전과 같이 많은 사람에게 대량으로 정보와 사상을 전달하는 수단

2 여러 가지 형태의 폭력

1. 폭력의 유형

(1) 개인적 폭력과 집단적 폭력

① 개인적 폭력: 한 사람이 다른 사람에게 폭력을 사용하는 것

② 집단적 폭력: 두 사람 이상이 폭력을 행사하는 것

(2) 직접적 폭력과 간접적 폭력

① 직접적 폭력
- 폭력을 사용한 주체와 피해자가 분명한 경우
- 신체적 폭력, 언어폭력, 정서적 폭력

② 간접적 폭력[+]
- 폭력을 사용한 주체가 분명하지 않은 경우
- 사회 구조, 관습, 사회 구성원의 인식 등으로 인해 발생하는 폭력

(3) 가정 폭력과 학교 폭력

① 가정 폭력: 가정 내에서 가족 간에 발생하는 폭력

② 학교 폭력: 학교 안팎에서 학생들 간에 발생하는 폭력

(4) 국가 권력에 의한 폭력

국가가 권력을 남용하여 국민에게 피해를 주는 것

(5) 문화적 폭력

문화를 공유하지 않는 사람들을 차별하는 것

> **＋ 간접적 폭력의 사례**
>
> 빈곤, 인종 차별, 억압, 잘못된 관습, 불평등한 경제, 불합리한 정치와 법 등으로 인해 발생하는 구조적 폭력이 있다.

쏙쏙 이해 더하기 | 폭력과 평화

- 소극적 평화(국가 안보): 직접적 폭력(전쟁, 테러, 고문, 폭행 등)이 없는 상태
- 적극적 평화(인간 안보): 직접적·간접적 폭력이 없는 상태

☆ 2. 일상에서 일어나는 폭력의 사례

신체 폭력	다른 사람의 신체에 힘을 가해 고통과 불편을 주는 행위
언어폭력	상대방의 인격을 무시하거나 모욕하는 말과 글로 피해를 주는 행위
따돌림	상대방을 의도적·반복적으로 소외시켜 정서적 상처를 주는 행위
성폭력	성적 행위를 억지로 시키거나 성적 모멸감을 느끼도록 신체를 접촉하는 행위
금품 갈취	다른 사람의 돈이나 물건을 억지로 위협하여 빼앗는 행위
사이버 폭력	사이버 공간(가상 공간)에서 상대방을 괴롭히고 피해를 주는 행위

콕콕 개념 확인하기

1. 사회 구조에 의해 발생하는 빈곤, 실업 등은 간접적 폭력에 해당한다. (O, X)
2. 신체적·정신적 폭력이 없을 때 개인은 평화로운 삶을 영위할 수 있다. (O, X)
3. 사이버 공간에서 이루어지는 언어적·정서적 공격은 폭력에 포함되지 않는다. (O, X)

답 1. ○ 2. ○ 3. X

3 폭력의 예방과 대처 방안

1. 폭력을 예방하는 방법

(1) 개인적 차원

① **분노 조절**: 자신의 감정을 객관적으로 바라보고 조절하기

② **결과 예측**: 폭력이 자신과 다른 사람에게 어떤 결과를 낳을지 예측하기

③ **평화적 갈등 해결**: 다른 사람과 갈등이 발생한 경우 대화를 통해 조율하기

④ **공감 능력 향상**: 다른 사람의 상황과 입장을 이해하고 공감하기[+]

(2) 사회적 차원

① **법과 제도 마련**: 폭력 예방과 피해자를 보호하기 위한 각종 법과 제도 마련하기

② **사회 분위기 조성**: 사회의 잘못된 구조를 찾아 개선하고 폭력을 용인하지 않는 사회 분위기 만들기

③ **정기적인 교육 시행**: 폭력의 위험성과 비도덕성을 알리고 이에 대처·예방하는 방법을 정기적으로 교육하기

☆ 2. 폭력에 대처하는 방법

(1) 분명한 의사 표현

① 가해자에게 자신의 불쾌감을 솔직하게 표현해야 함

② 사소한 괴롭힘이라도 거부 의사를 정확하게 표현해야 함

(2) 도움 요청

① 주변의 친구, 선생님, 부모님께 알리고 도움을 요청해야 함

② 보복을 받을까 두려워서 폭력을 당한 사실을 숨기면 더 심각한 결과를 가져올 수 있음

(3) 주변의 관심

① 주변에서 일어나는 폭력 상황을 방관하지 않아야 함

② 폭력을 목격한 경우 학교, 상담 기관, 경찰서 등에 알리고 비폭력적 방법으로 조치해야 함

콕콕 개념 확인하기

1. 폭력의 가해자는 폭력의 결과를 예측해 보고 자신의 분노를 조절하기 위해 노력해야 한다. (O, X)
2. 폭력의 피해자는 가해자에게 거부 의사를 정확하게 표현해야 한다. (O, X)
3. 폭력을 목격했을 경우 피해자와 힘을 합쳐 가해자를 혼내 준다. (O, X)

답 1. O 2. O 3. X

+ 평화 감수성

• 의미: 폭력을 예민하게 느끼고 거부하며, 폭력으로 인해 발생하는 타인의 고통에 반응하는 마음

• 구성 요소: 폭력에 대한 민감성, 공감 능력

꼼꼼 단어 돋보기

● 조율
서로 다른 의견을 알맞게 맞춤

01 폭력의 원인 중 나머지와 성격이 다른 하나는?

① 법과 제도의 효과가 없어서
② 순간적인 감정을 조절하지 못해서
③ 대중 매체에서 폭력 장면을 노출해서
④ 폭력을 용인하는 사회 분위기 때문에

03 폭력에 대한 설명으로 옳지 않은 것은?

① 잘못된 소문, 따돌림도 폭력에 해당한다.
② 다양한 매체를 통해 폭력을 모방하기도 한다.
③ 점점 폭력에 가담하는 연령층이 낮아지고 있다.
④ 심리적 폭력은 물리적 폭력에 비해 고통이 작다.

주목

04 다음 내용을 통해 알 수 있는 폭력의 문제점으로 가장 적절한 것은?

> 어릴 적 키가 작고 왜소했던 A학생은 덩치가 큰 아이들에게 자주 괴롭힘을 당했다. A학생은 힘을 길러 그때 그 친구들을 다시 찾아가 똑같이 갚아 주겠다고 마음먹었다.

① 기억의 재구성
② 폭력의 악순환
③ 인내심의 한계
④ 폭력의 일상화

02 다음 내용을 통해 얻을 수 있는 가르침으로 알맞은 것은?

> • "폭력으로 복종시키는 자는 스스로 망하게 되느니라."
> ─ 공자 ─
> • "폭력은 사회를 파괴하고 동포 관계를 불가능하게 합니다."
> ─ 마틴 루서 킹 ─

① 폭력은 허용될 때에만 행사하여야 한다.
② 폭력은 개인적·사회적으로 악영향을 끼친다.
③ 폭력 없이 다른 사람을 복종시키는 것은 힘들다.
④ 신체적 폭력이 정신적 폭력보다 더 비도덕적이다.

05 다음 ㉠, ㉡에 들어갈 용어로 적절한 것은? 2015년 1회

> (㉠)는 물리적 폭력을 벗어나 전쟁이 없는 상태를 의미하고, (㉡)는 모든 사람이 참으로 인간다운 삶을 누리는 상태를 의미한다.

	㉠	㉡
①	소극적 평화	적극적 평화
②	적극적 평화	소극적 평화
③	적극적 평화	객관적 평화
④	소극적 평화	주관적 평화

06 직접적 폭력과 간접적 폭력을 순서대로 나열한 것은?

	직접적 폭력	간접적 폭력
①	기아	정서적 폭력
②	인종 차별	성폭력
③	빈부 격차	언어폭력
④	신체적 폭력	인종 차별

08 ㉠에 공통으로 들어갈 용어는? 2021년 1회

> 평화 감수성을 기르기 위해서는 폭력에 대한 민감성과 (㉠) 능력을 갖추어야 한다. 여기서 (㉠)(이)란 다른 사람의 감정을 함께 느끼고 이해하는 것이다.

① 공감 ② 혐오
③ 방관 ④ 억압

_{주목}

09 폭력을 예방하기 위한 바람직한 자세는?

① 다른 사람의 상황에 관심을 두지 않는다.
② 다른 의견은 조율하기 어려우므로 무시한다.
③ 다른 사람을 이해하고 존중하려는 자세를 갖는다.
④ 자신의 자존심만 건드리지 않으면 감정을 감춘다.

07 폭력의 특성을 바르게 설명한 것은? 2017년 1회

① 폭력은 평화로운 삶을 위협한다.
② 정서적 학대는 폭력에 포함되지 않는다.
③ 폭력은 갈등 해결의 바람직한 방법이다.
④ 모욕적인 말을 하는 것은 신체적 폭력이다.

10 폭력에 대처하는 가장 바람직한 방법은? 2020년 1회

① 보복을 피하기 위해 가해자를 돕는다.
② 폭력 행위를 보면 방관하고 회피한다.
③ 폭력이 발생하면 주변에 도움을 요청한다.
④ 피해를 당한 사람이 문제가 있다고 생각한다.

사회·공동체와의 관계 (2)

01 도덕적 시민

Ⅴ 사회 · 공동체와의 관계 (2)

1 정의로운 국가

1. 국가

(1) 국가의 기원

① 자연 발생설: 인간의 사회적 본성 때문에 자연스럽게 국가가 발생했다고 봄

② 사회 계약설

- 사회 구성원들이 자신의 생명과 재산을 보호하기 위해 서로 계약을 맺음
- 홉스는 국민과 왕의 계약으로 보았고, 로크와 루소는 국민 상호 간의 계약으로 봄

(2) 구성 요소

주권	국가의 의사를 최종적으로 결정할 수 있는 권력
국민	그 나라의 국적 및 주권을 가진 사람으로, 국민의 의식 수준은 국력에 영향을 줌
영토	국가의 통치권이 미치는 구역으로, 영토에는 영해와 영공을 포함하기도 함

☆(3) 유형

① 소극적 국가관(야경국가)

- 의미: 개인의 자유를 보장하기 위해 국토방위, 치안 유지 등 안전만을 책임지며 국민의 삶에 최소한으로 개입하는 국가
- 한계: 공동선을 실현하거나 빈부 격차를 해결하기 어려움

② 적극적 국가관(복지 국가)

- 의미: 국민의 실질적 자유와 권리 보장을 우선으로 여기며 개인 간 불평등을 해소하기 위해 노력하는 등 국민의 삶에 적극적으로 개입하는 국가
- 한계: 개인의 자유 침해와 세금 부담이 늘어날 수 있음

2. 국가와 국민의 관계

(1) 상호 작용

① 개인의 발전은 국가의 발전에 도움을 줌

② 국가가 발전하고 정의로워야 개인도 발전하고 정의로운 삶을 살 수 있음

(2) 도덕적 조화

국가가 도덕적이어야 개인도 도덕적으로 살아갈 가능성이 큼

3. 정의로운 국가의 조건

① 인간 존엄성 보장

② 보편적 가치의 보장과 실현 예 인권, 자유, 평등, 정의, 평화, 복지 등

③ 공정한 법과 사회 제도 마련 및 운영

+ 아리스토텔레스의 국가 기원설

"국가는 자연의 산물이며, 인간은 본성적으로 국가 공동체를 구성하는 동물임에 분명하다."

아리스토텔레스는 국가가 사회적 존재인 인간의 본성에 따라 성립한다고 보았다.

🔍 꼼꼼 단어 돋보기

● 치안

국가의 안녕과 질서를 유지하고 보전함

---

1. 국가는 영토와 그곳에 사는 국민, _____을/를 가지고 있는 집단을 의미한다.
2. 적극적 국가는 복지 혜택을 이용하여 개인 간의 불평등을 해소하기 위해 노력한다. (O, X)
3. 정의로운 국가는 인권, 자유, 평등, 정의 등의 _____을/를 추구하는 국가이다.

답 1. 주권 2. ○ 3. 보편적 가치

2 시민이 갖추어야 할 자질

1. 시민의 의미와 자질

(1) 의미

① 서양 근대 이후 도시에서 자유롭게 활동하는 사람을 의미하였다가 활동 범위가 국가로 넓어지면서 국가의 구성원을 의미함

② 한 국가의 주권을 가진 구성원으로서 권리와 의무[+]를 지니고, 자율적으로 행동하며 책임을 다하는 사람

(2) 자질

① **책임 의식**: 자신이 맡은 일에 최선을 다함

② **자발적 참여**: 국가의 정책 결정 과정과 사회 문제에 참여하고 국가 발전에 기여함

③ **연대 의식**: 구성원들이 서로 연결되어 있다고 믿으며, 더 나은 공동체를 만들어 가기 위해 노력함

④ **개인과 사회의 조화 추구**: 사익과 공익의 조화[+]를 추구하며 개인의 행복과 공동체의 행복을 함께 이루기 위해 고민함

2. 시민의 바람직한 애국심

(1) 의미

나라를 사랑하는 마음을 가지고, 국민의 역할과 의무를 충실히 다하는 것

(2) 중요성

국가의 어려움을 극복하고 국가 공동체를 유지·발전시키는 원동력이 됨

☆(3) 바람직한 애국심의 실천

① 국가의 평화와 세계 인류의 평화를 함께 추구함

② 분별 있는 자세로 국가를 사랑하며, 국가가 추구하는 바에 동참함

③ 맹목적이고 배타적인 애국심(국수주의)을 경계하고 보편적 가치를 추구함

④ 국가의 역사와 문화에 관심을 가지고 후손에게 좋은 가치를 물려주도록 보존함

+ 권리 행사와 의무 수행

올바른 권리의 행사는 개인의 자유를 실현하고 사회 발전에 기여할 수 있다. 다만, 권리는 국가가 유지되는 동안에만 행사할 수 있으므로 사회가 안정적으로 유지될 수 있도록 국방, 납세, 근로, 교육 등 주어진 의무를 성실하게 수행해야 한다.

+ 공유지의 비극

주인 없는 방목장에 농부들이 자신의 소를 더 많이 끌고 나와 방목장이 황폐화되었다는 이야기로, 지나친 사익 추구는 공익의 훼손을 야기할 수 있다는 것을 시사한다.

1. 시민은 보장받아야 할 권리만 있고, 국가를 위해 반드시 이행해야 할 의무는 없다. (O, X)
2. 개인의 문제뿐만 아니라 공동체의 문제에도 관심을 갖고 함께 해결하도록 노력해야 한다. (O, X)
3. 다른 나라와의 교류를 적극적으로 막아 나라의 전통과 모습을 이어 가려는 태도는 바람직한 애국심에 의한 것이다. (O, X)

답 1. X 2. ○ 3. X

3 준법과 공익의 증진

1. 준법의 의미와 중요성

(1) 의미
국가의 법을 존중하고 그 절차를 지키는 것

(2) 중요성
① 타인과 국가로부터 개인의 자유와 권리를 보장함
② 사회 혼란을 예방하고 사회 질서를 유지할 수 있음
③ 누구나 차별 없이 공정하게 대우받는 정의로운 사회를 만들 수 있음

(3) 법의 강제성
① 법을 어기면 처벌받음

> 참고 법은 최소한의 도덕으로 국가에 의해 강제된다.

② 법을 지키기로 약속했기 때문에 지켜야 함

> 참고 지키지 않는 법은 쓰임이 없다.

③ 법을 지켜야 안전하고 평화로운 삶을 보장받을 수 있음

> 참고 법을 어기는 사람이 많으면 법의 힘이 약해지고 사회의 혼란을 유발한다.

2. 공익과 시민 불복종

(1) 준법과 공익의 관계
① 법을 지키는 행위로 공익을 증진할 수 있음
② 현실에 맞지 않은 잘못된 법은 공익을 해치고 시민에게 고통을 줄 수 있음

☆(2) 시민 불복종
① 의미: 부당한 법과 제도를 개선하기 위해 공개적이고 평화로운 방법으로 법을 위반하는 행위
② 정당화 조건
  • 공익성: 개인과 특정 집단만의 이익이 아닌 사회 전체의 이익을 추구함
  • 비폭력성: 비폭력적이고 평화로운 방법을 사용해야 함
  • 최후의 수단: 합법적인 방법이 없을 경우 마지막 수단으로 시도되어야 함
  • 처벌 감수: 법을 어기는 행위이므로 책임을 져야 함
③ 사례
  • 간디의 비폭력 운동
  • 마틴 루서 킹의 흑인 인권 운동

콕콕 개념 확인하기

1. 준법은 법을 지키는 것이고, 위법은 법을 어기는 것이다. (O, X)
2. _____은/는 부당한 법과 제도를 개선하기 위해 시민들이 비폭력적으로 법을 어기는 것을 말한다.

답 1. O 2. 시민 불복종

01 다음과 같이 주장한 사상가는?

> 국가는 자연의 산물이며, 인간은 본성적으로 국가 공동체를 구성하는 동물임에 분명하다.

① 홉스
② 로크
③ 루소
④ 아리스토텔레스

주목

02 ㉠, ㉡에 들어갈 말을 순서대로 나열한 것은?

> (㉠): 국가의 의사를 최종적으로 결정할 수 있는 권력을 의미한다.
> (㉡): 국가의 통치권이 미치는 구역으로, 영해와 영공이 포함되기도 한다.

	㉠	㉡
①	국민	영토
②	국민	주권
③	주권	영토
④	영토	주권

03 소극적 국가관에 해당하지 않는 것은?

① 야경국가라고도 한다.
② 국민의 삶에 최소한으로 개입한다.
③ 국민의 안전을 지키기 위해 노력한다.
④ 국민 간의 불평등을 해결하기 위해 노력한다.

04 바람직한 국가의 역할을 〈보기〉에서 고른 것은?

2020년 1회

> 보기
> ㄱ. 국민의 생명 보호
> ㄴ. 집단 간의 갈등 조성
> ㄷ. 국민 삶의 질 향상
> ㄹ. 특권층의 이익 극대화

① ㄱ, ㄴ
② ㄱ, ㄷ
③ ㄴ, ㄹ
④ ㄷ, ㄹ

05 다음 문제를 해결하기 위한 시민의 자세로 가장 적절한 것은?

> 공유지의 비극이란 주인 없는 방목장에 농부들이 자신의 소를 더 많이 끌고 나와서 방목장이 황폐화되었다는 이야기이다.

① 공익을 위해 개인의 이익을 포기한다.
② 사익과 공익의 조화를 추구해야 한다.
③ 선착순의 원리에 따라 삶을 살아야 한다.
④ 다른 사람과 의사소통을 하지 않고 조용히 움직인다.

06 바람직한 애국심을 실천하는 방법이 <u>아닌</u> 것은?

① 자유, 평등, 인권 등 보편적 가치를 추구한다.
② 맹목적이고 배타적인 마음으로 나라를 위한다.
③ 후손에게 역사와 문화를 잘 간직하고 물려준다.
④ 자국뿐만 아니라 세계와 인류의 평화도 함께 바란다.

주목

07 다음에서 설명하는 용어는?

> • '최소한의 도덕'
> • 국가에 의해 강제되는 사회 규범이다.
> • 사회의 안전과 질서를 유지하는 역할을 한다.

① 법
② 예절
③ 문화
④ 교칙

08 ㉠에 들어갈 대답으로 적절하지 <u>않은</u> 것은?

왜 우리는 법을 지켜야 하는 걸까요?

㉠

① 법을 지키기로 모두가 약속했기 때문입니다.
② 법을 지키지 않으면 처벌을 받기 때문입니다.
③ 법을 지켜야 안전한 삶이 보장되기 때문입니다.
④ 법을 지키면 경제적 이익을 얻을 수 있기 때문입니다.

09 ㉠에 들어갈 용어로 가장 적절한 것은?　　　2019년 1회

공동선의 추구

㉠

공동체 구성원의 의무　　함께 지키자는 사회적 약속

① 준법
② 욕망
③ 명상
④ 편견

10 시민 불복종의 정당화 조건으로 가장 적절한 것은?
　　　　　　　　　　　　　　　　　　　2018년 1회

① 폭력적인 방법을 사용하여야 한다.
② 공공의 이익을 위한 것이어야 한다.
③ 행동의 결과에 대해 책임지지 않아야 한다.
④ 정당한 공권력에 무조건 맞서는 것이어야 한다.

Ⅴ 사회 · 공동체와의 관계 (2)

사회 정의

1 정의로운 사회

1. 사회 정의의 의미와 필요성

(1) 의미

사회를 구성하고 유지하는 공정한 도리로, 사회적 옳고 그름을 판단하는 기준을 제공함

(2) 유형

① 분배적 정의: 사회에서 발생된 자원이나 이익을 정당하게 나누는 기준

절대적 평등	공평하고 일관되게 분배
노력	그 사람이 노력한 만큼 분배
업적	성과가 뛰어난 사람에게 더 많이 분배
능력	일의 숙련도가 높은 사람에게 더 많이 분배
필요	해당 자원을 필요로 하는 사람에게 우선 분배

② 절차적 정의: 절차의 공정성과 사회적 약자를 고려하는 분배 기준

③ 응보적 정의: 잘못을 공정하게 처벌하고 피해를 합당하게 배상하는 기준

☆(3) 필요성

① 개인 간의 갈등을 최소화하기 위해

② 공정하게 자원과 이익을 분배하기 위해

③ 사회 구성원 간의 협력, 조화, 신뢰를 위해

④ 사회 구성원의 인간다운 삶을 보장하기 위해

⑤ 정의로운 사회와 도덕적인 공동체를 만들기 위해

2. 정의로운 사회의 조건

① 사회 구성원들이 모두 합의한 분배 기준과 절차를 따라야 함

② 사회를 구성하는 개인 스스로가 정의롭게 살아가려고 노력해야 함

③ 사회적 차원에서 공정성과 형평성에 맞는 제도 개선 및 마련이 필요함

④ 사회적 약자를 배려하고 구성원 모두가 공정하게 자신의 몫을 받아야 함

⑤ 기본적인 권리(행복 추구권, 생명권, 자유권 등)가 평등하게 보장되어야 하며 성별, 나이, 인종 등의 이유로 차별해서는 안 됨

+ 롤스와 사회 정의

> 정의의 원칙은 다음과 같다.
> 첫째, 각 사람은 기본적 자유에 대해 평등한 권리를 가져야 한다.
> 둘째, 사회적·경제적 불평등은 사회적 약자에게 최대의 이익을 보장할 때 정당화될 수 있다.
> – 롤스, 「정의론」 –

롤스는 정의로운 사회란 모든 사람이 기본적인 자유를 평등하게 누리며, 사회적 약자가 배려받는 사회라고 보았다.

꼼꼼 단어 돋보기

● 공정
공평하고 올바른 것

● 응보
행위에 따라 받게 되는 결과

콕콕 개념 확인하기

1. 사회 정의의 종류로는 _____ 정의, 절차적 정의, 응보적 정의가 있다.
2. 롤스는 기본적 자유를 최우선으로 보장하고 약자에게도 이익이 돌아가야 한다고 보았다. (O, X)

답 1. 분배적 2. O

2 공정한 경쟁의 필요성과 그 조건

1. 공정한 경쟁의 필요성

(1) 경쟁이 나타나는 이유
① 사람들이 원하는 자원은 한정되어 있기 때문
② 경쟁은 한정된 자원을 효율적으로 분배하기 위한 수단임
③ 사회 정의를 실현하기 위해서는 공정한 경쟁이 필요함

(2) 공정한 경쟁의 필요성
① 공정한 경쟁
  • 경쟁에 참여한 사람들이 자신의 노력에 따른 몫을 가져감
  • 한정된 자원을 효율적으로 분배할 수 있음
  • 개인들이 더 좋은 결과를 내기 위해 노력하고 협력함
  • 개인과 사회 발전의 원동력이 됨
② 불공정한 경쟁
  • 경쟁에 참여한 사람들이 자신의 몫을 제대로 가져가지 못함
  • 손해가 발생하면서 서로 간에 불신이 생기고, 노력하려는 의욕이 사라짐
  • 개인 간 오해와 갈등이 심화됨
  • 사회 질서 유지와 사회 통합이 어려움

2. 공정한 경쟁의 조건

(1) 기회의 균등성
① 누구나 경쟁에 참여할 수 있도록 균등한 기회를 주어야 함
② 약자의 경우 배려를 통해 경쟁 참여의 기회를 실질적으로 보장해야 함
  예 여성 할당제, 장애인 의무 고용 제도, 지역 균형 선발 제도

☆(2) 과정(절차)의 공정성
① 경쟁의 참가자에게 동등한 규칙을 적용해야 함
② 후천적 노력과는 무관하게 개인이 타고나는 것들은 차이가 있을 수 있기 때문에 불리한 위치에 있는 사람을 고려하여 실질적으로 같은 조건에서 경쟁할 수 있도록 함

(3) 결과의 정당성
경쟁에 패배한 사람도 최소한의 인간다운 삶을 살 수 있어야 함
  예 국민 기초 생활 보장 제도

콕콕 개념 확인하기

1. 한정된 자원을 효율적으로 분배하기 위해 _____이/가 벌어진다.
2. 공정한 경쟁이 되기 위해서는 경쟁의 기회, 과정, 결과가 사회 구성원들이 인정하는 기준을 따라야 한다. (O, X)
3. 불공정한 경쟁이 지속되더라도 개인들의 몫이 제대로 분배되는 상황을 유지할 수 있다. (O, X)

답 1. 경쟁 2. O 3. X

+ 경쟁의 사례
• 물건을 팔기 위해 경쟁하는 상인들
• 선거 운동을 펼치는 국회의원 후보들
• 금메달을 얻기 위해 경쟁하는 선수들
• 더 좋은 대학에 가기 위해 공부하는 학생들

+ 여성 할당제
사회 여러 분야의 채용이나 승진에서 일정한 비율을 여성에게 배분하는 제도이다.

+ 장애인 의무 고용 제도
일정 수 이상의 근로자를 고용하고 있는 사업주에게 전체 근로자의 일정 비율에 해당하는 장애인을 고용하도록 강제하는 제도이다.

+ 지역 균형 선발 제도
입시, 취업에서 지역 간 불균형 현상을 바로잡기 위해 특정 지역에 혜택을 주는 제도이다.

+ 국민 기초 생활 보장 제도
소득이 최저 생계비에 미달하는 대상자에게 기초 생활을 보장해 주는 사회 보장 제도이다.

꼼꼼 단어 돋보기

● 한정
수량이나 범위 따위를 제한하여 정함

3 부패의 발생과 예방

1. 부패의 의미와 문제점

(1) 의미
① 공정한 절차를 무시하고 부당한 방법으로 이익을 취하는 행위
② 뇌물, 친분, 권력 등을 이용하여 이익이나 기회를 얻는 행위

(2) 원인
① 자신의 이익만 생각하는 개인 이기주의
② 과정보다 결과를 중시하는 목표 지상주의
③ 자신과 관련 있는 사람에게 관대한 연고주의와 정실주의[+]
④ 부패를 막을 수 있는 사회 제도의 미비
⑤ 비합리적 관행을 허용하는 사회 분위기

(3) 문제점

개인이 도덕성을 훼손하고 이익을 취함

⇩

다른 사람들의 도덕적으로 살고자 하는 의욕과 정직성이 약해짐

⇩

불신하는 사회 분위기가 조성되고 갈등이 심화되며 국가 경쟁력이 떨어짐

2. 부패 예방을 위한 노력

(1) 개인적 노력
① 청렴 의식을 가지고 스스로 부패한 행동을 하지 않기
② 주변에 일어나는 부패 상황에 대해 개선을 요구하고 감시하기

(2) 사회적 노력
① 부패를 없앨 수 있는 법과 제도를 마련하고 잘 작동시키기
② 청렴하고 투명한 사회 분위기 조성하기
③ 반부패 청렴 교육 실시하기

> **콕콕 개념 확인하기**
>
> 1. 자신의 지위와 권위를 이용하여 부당하게 이익을 취하는 행위를 _____(이)라고 한다.
> 2. 개인의 부패한 행동은 사회에 부정적인 영향을 미치지 않는다. (O, X)
> 3. 부패를 예방하기 위해서는 스스로 탐욕을 부리지 않고 정직한 행동을 하려는 (주인, 청렴) 의식을 가져야 한다.
>
> 답 1. 부패 2. X 3. 청렴

+ 연고주의
혈연이나 학연, 지연 따위로 맺어진 관계를 중시하거나 우선시 여기는 태도이다.

+ 정실주의
사사로운 정이나 관계에 이끌리는 태도이다.

+ 부패 방지 제도
부패를 방지하기 위한 제도로는 내부 공익 신고자 보호와 보상에 대한 법과 제도, 청렴 시민 감사관 제도, 「부정 청탁 및 금품 등 수수의 금지에 관한 법률」 등이 있다.

🔍 **꼼꼼 단어 돋보기**

● **청렴**
성품과 행실이 맑고 탐욕이 없음

01 다음에서 설명하는 것은?

> • 구성원에게 각자의 몫을 공정하게 나누어 주는 것
> • 사회 질서 안정에 도움이 되는 것

① 이익
② 정의
③ 정리
④ 절차

02 공정한 사회 제도의 필요성을 〈보기〉에서 고른 것은?

2016년 2회

보기
ㄱ. 사회 정의 실현
ㄴ. 인간다운 삶 보장
ㄷ. 국민 기본권 축소
ㄹ. 물질 만능주의 사회 조성

① ㄱ, ㄴ
② ㄱ, ㄷ
③ ㄴ, ㄹ
④ ㄷ, ㄹ

주목

03 분배적 정의를 실현하기 위한 기준으로 적절하지 않은 것은?

① 노력
② 업적
③ 인맥
④ 필요

04 정의로운 사회에 대한 설명으로 옳지 않은 것은?

① 사회적 약자를 배려하여 공정한 몫이 분배되어야 한다.
② 성별, 나이, 인종 등의 이유로 차별하여 분배하면 안 된다.
③ 사회 구성원 모두가 합의한 기준과 절차를 따라 분배해야 한다.
④ 사회적 지위가 높은 사람은 무조건 많은 몫을 분배 받을 수 있도록 기준을 마련해야 한다.

05 공정한 경쟁이 필요한 이유로 가장 적절한 것은?

① 한정된 자원을 효율적으로 분배하기 위해
② 다른 사람을 믿을 수 없는 사회 분위기 때문에
③ 지위가 높은 사람이 늘 많이 갖는 관습 때문에
④ 사람들이 기본적으로 폭력적인 성향을 갖고 있기 때문에

06 불공정한 경쟁으로 생길 수 있는 문제점이 <u>아닌</u> 것은?

① 서로 간에 오해와 갈등이 심각해진다.
② 사람들이 더 열심히 노력하려고 애쓴다.
③ 서로 간의 불신으로 사회 통합이 어려워진다.
④ 경쟁에 참여한 사람들이 제 몫을 가져가지 못한다.

07 ㉠에 들어갈 알맞은 말은?　　　　　　　2018년 2회

> 주제: 공정한 경쟁이 이루어지려면?
> 내용: (　　　　　　㉠　　　　　　)

① 절차를 무시해야 한다.
② 결과가 똑같아야 한다.
③ 기회가 공평해야 한다.
④ 약자를 배척해야 한다.

주목
08 ㉠에 들어갈 말로 알맞은 것은?

> (　㉠　)은/는 부당한 방법을 이용하여 자신의 이익을 얻으려는 것으로 도덕적으로 옳지 못한 행위를 말한다.

① 부정
② 부패
③ 비리
④ 기밀

09 ㉠에 들어갈 말로 적절하지 <u>않은</u> 것은?

① 자신의 이익만 추구하는 이기주의 때문입니다.
② 공정한 경쟁으로 노력을 부추기는 사회 분위기 때문입니다.
③ 과정보다 결과만을 중요시 여기는 목표 지상주의 때문입니다.
④ 학연, 지연, 혈연으로 원하는 것을 쉽게 달성하려는 연고주의 때문입니다.

10 다음에서 설명하는 것은?　　　　　　　2021년 1회

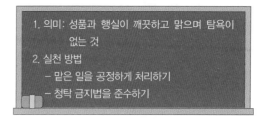

1. 의미: 성품과 행실이 깨끗하고 맑으며 탐욕이 없는 것
2. 실천 방법
   - 맡은 일을 공정하게 처리하기
   - 청탁 금지법을 준수하기

① 참여　　　　　　② 분배
③ 청렴　　　　　　④ 부패

03 북한 이해

Ⅴ 사회·공동체와의 관계 (2)

1 북한의 특징과 북한을 바라보는 시각

1. 북한 사회의 특징

(1) 정치

① 독재 체제
- 최고 지도자인 수령에게 모든 권력이 집중되어 있음
- 통치자가 모든 국가 기관과 정책을 통제함

② 사회주의 대가정 체제[+]
- 사회를 하나의 커다란 가정으로 봄
- 수령·당·인민의 관계를 아버지·어머니·자녀의 관계로 여김

③ 자유 통제: 북한 주민들은 사상, 언론, 출판, 투표, 거주지 이전 등의 자유를 통제 당함

(2) 경제

① 중앙 집권적 계획 경제 체제: 국가가 ●생산 수단을 소유하고, 모든 경제 활동은 국가의 계획과 지시에 따라 진행되며, 개인의 재산 소유가 인정되는 부분이 극히 제한적임

② 경제 위기 이후: 배급 체계가 무너지고 식량 부족이 심화되었으며 주민들이 직접 ●장마당에서 필요한 물건을 사고팔기 시작함

(3) 사회

① 집단주의: 개인보다 사회와 집단을 더 우선해서 생각함
② 출신 성분에 따라 교육, 직업 등의 기회가 차등적으로 부여됨

(4) 문화

① 문화와 예술은 북한 체제의 선전 수단으로 이용됨
② 개인의 자유로운 창작 활동이 제한됨

2. 북한을 바라보는 시각

(1) 경계와 협력의 대상

① 경계의 대상
- 정치적·군사적으로 대치하며 적대 관계를 지속하고 있는 대상임
- 군사적 공격과 핵 실험을 시도하며 한반도의 안전과 평화를 위협하는 대상임

② 협력의 대상
- 오랜 역사와 문화를 공유한 민족 공동체로서 교류를 통해 서로 이해해야 할 대상임
- 통일 공동체 실현을 위해 화해하고 협력해야 할 대상임

+ 사회주의 대가정 체제

사회주의 대가정 체제는 다른 사회주의 국가와 다르게 북한만이 가지고 있는 사회 체제이다. 북한 주민들은 자녀가 부모를 섬기듯 어버이인 수령에게 효와 충성을 다해야 하는 것으로 교육받고 있다.

🔍 꼼꼼 단어 돋보기

● 생산 수단
생산에 필요한 노동, 자원 등 모든 것

● 장마당
북한의 시장

(2) 북한에 대한 올바른 시각

① 균형 있는 이해: 경계와 협력의 이중적 성격을 지닌 대상이므로 한쪽으로 치우치지 말고 균형 잡힌 시각에서 바라볼 수 있어야 함

② 객관적 이해: 객관적 사실에 기초하여 북한이 처한 대내외 환경과 북한의 실상을 있는 그대로 바라볼 수 있어야 함

③ 보편적 가치에 근거한 이해: 자유, 인권, 복지 등의 보편적 가치를 기준으로 북한을 판단해야 함

☆(3) 북한 주민에 대한 올바른 시각

① 협력의 대상: 북한 주민을 소통과 신뢰를 바탕으로 통일을 함께 이루어야 하는 협력의 대상으로 여겨야 함

② 관심의 대상: 북한 정권과 북한 주민을 동일하게 생각하지 말고 북한 주민의 삶에 인도적 관심을 가져야 함

③ 인권 개선의 동참 대상: 북한 주민들의 인권 상황을 보편적 가치(인간 존엄성, 자유, 평등, 인권, 복지 등)를 기준으로 이해하고, 개선될 수 있도록 함께 노력해야 함

> 참고 북한 주민들은 정치범 수용소의 운영과 강제 노동 및 학대, 기본적인 의식주의 부족으로 인한 주민들의 생존 위협, 감시와 강압 통치에 의한 개인의 자유 억압, 출신 성분에 따른 직업과 직장의 자율적 선택 제한 등의 인권 문제를 겪고 있다.

콕콕 개념 확인하기

1. 북한은 개인보다 사회 전체를 우선시하는 집단주의적 사회이다. (O, X)
2. 북한과는 분단 상황에 있으므로 경계의 대상으로만 여겨야 한다. (O, X)
3. 북한 주민은 자신의 정치적 의견을 자유롭게 표현하기가 어렵다. (O, X)
4. 북한 주민의 인권 상황에 관심을 갖고 함께 개선하도록 노력해야 한다. (O, X)

답 1. O 2. X 3. O 4. O

2 북한 이탈 주민의 생활과 통일의 과제

1. 북한 이탈 주민의 생활

(1) 경제적 어려움

① 북한에 경제적 기반을 두고 떠나옴

② 다른 경제 체제를 이해하는 데 어려움을 겪음

③ 북한에서의 학력, 자격, 경력을 인정받기가 힘듦

④ 근무 조건과 임금이 불안정하고 안정적인 직장을 구하기가 힘듦

☆(2) 심리적 어려움

① 남한 주민들의 냉대와 차별로 겪는 고통

② 북한에 남아 있는 가족에 대한 그리움과 죄책감

③ 탈북하는 과정에서 경험한 극심한 긴장과 두려움

(3) 사회·문화적 어려움

① 북한과 남한에서 사용하는 언어가 달라 의사소통의 어려움을 겪음

② 북한과 남한 주민의 가치관과 사고방식의 차이로 인해 갈등이 발생함

➕ 북한 이탈 주민
북한에 주소, 가족, 직장 등을 두고 있는 사람으로서 북한을 벗어난 이후에 외국 국적을 취득하지 않은 사람을 말한다.

🔍 꼼꼼 단어 돋보기

● 임금
근로자가 노동의 대가로 사용자에게 받는 보수

● 냉대
정성을 들이지 않고 아무렇게나 하는 대접

2. 북한 이탈 주민과 통일의 과제

(1) 북한 이탈 주민을 위한 노력

① 정착 지원: 북한 이탈 주민의 정착을 도울 수 있는 법과 제도, 교육을 마련해야 함

② 인식 개선: 북한 이탈 주민을 편견과 차별 없이 대하고, 그들이 겪는 어려움에 관심을 가져야 함

③ 역할 인정: 북한 이탈 주민은 남북한의 생활을 모두 경험하였기 때문에 통일 과정에서 나타날 수 있는 문제를 예측하고 대비하는 데 도움을 줄 수 있음을 인정해야 함

(2) 통일의 과제

① 경제적 역량 함양: 남북한의 경제적 격차에 따른 사회 문제를 최소화하기 위해 남북한의 안정적 경제 성장과 균형 있는 발전을 이루어 나가야 함

② 남북한 이질화 극복: 분단 이후 달라진 각각의 문화를 인정하고 존중하며 문화 차이를 극복하기 위한 방안을 마련해야 함

콕콕 개념 확인하기

1. _____은/는 북한에 가족, 주소 등이 있고 북한을 벗어난 후 외국 국적을 취득하지 않은 사람이다.

2. 남한과 북한의 이념은 다르지만 오랜 분단의 시간을 거쳐도 언어, 문화는 거의 비슷하게 유지되고 있다. (O, X)

3. 북한 이탈 주민에게는 경제적 도움만 주면 된다. (O, X)

답 1. 북한 이탈 주민 2. X 3. X

탄탄 실력 다지기

정답과 해설 17쪽

01 북한 사회의 특징으로 옳지 <u>않은</u> 것은?

① 사회보다는 개인의 자유를 더 중요하게 생각한다.
② 한 사람에게 모든 권력이 집중되어 정치가 이루어진다.
③ 국가가 생산 수단을 소유하고 개인의 경제 활동을 통제한다.
④ 사회 전체를 하나의 가족 관계로 여기고 주민들에게 충성을 요구한다.

02 남북한 관계에 대한 설명으로 적절하지 <u>않은</u> 것은?

① 분단 이후 어떠한 교류도 하고 있지 않다.
② 정치적·군사적으로 대립을 지속하고 있다.
③ 함께 통일을 이루어야 할 통일 공동체이다.
④ 오랜 역사와 문화를 공유한 민족 공동체이다.

03 북한을 바라보는 자세로 바람직하지 <u>않은</u> 것은?

① 객관적인 시각으로 바라보기
② 경계의 대상으로만 바라보기
③ 균형 있는 시각으로 바라보기
④ 보편적 가치에 근거해 바라보기

04 북한 주민의 삶에 대한 설명으로 옳지 <u>않은</u> 것은?

① 개인의 정치적 생각을 자유롭게 표현할 수 없다.
② 정당을 홍보하는 문화나 예술에 많이 노출된다.
③ 자본주의를 바탕으로 시장 경제에 적극 참여한다.
④ 국가 배급 체계의 이상으로 극심한 식량난을 겪었다.

05 남북한 평화 교류의 목적을 〈보기〉에서 고른 것은?

2020년 1회

> **보기**
> ㄱ. 군사적 긴장 강화
> ㄴ. 남북한 간의 신뢰 형성
> ㄷ. 경제적 불평등 심화
> ㄹ. 남북한 간의 동질성 회복

① ㄱ, ㄴ
② ㄱ, ㄷ
③ ㄴ, ㄹ
④ ㄷ, ㄹ

06 북한 주민을 바라보는 올바른 자세를 〈보기〉에서 모두 고른 것은?

> **보기**
>
> ㄱ. 신뢰할 수 없는 적대적 존재로만 바라본다.
> ㄴ. 북한 주민이 처한 어려운 상황에 관심을 갖는다.
> ㄷ. 인권 문제를 함께 개선하여 인류의 보편적 가치를 실현해야 한다.

① ㄱ, ㄴ
② ㄱ, ㄷ
③ ㄴ, ㄷ
④ ㄱ, ㄴ, ㄷ

07 다음 설명에 해당하는 것은?

> 한반도의 휴전선을 경계로 북쪽에 가족, 주소, 직장 등을 두고 다른 나라에서 그 나라의 국적을 취득하지 않은 채 살아가는 사람을 의미한다.

① 재외 국민
② 재외 동포
③ 전쟁 난민
④ 북한 이탈 주민

08 북한 이탈 주민이 겪는 어려움에 해당하지 않는 것은?

① 남한 사람의 배려와 관심
② 남한 사람의 냉대와 차별
③ 남한 자본주의 체제에 대한 부적응
④ 북한에 두고 온 가족에 대한 그리움

09 북한 이탈 주민을 도울 수 있는 방법으로 바람직하지 않은 것은?

① 편견과 선입견으로 바라보지 말고 존중해야 한다.
② 겪고 있는 어려움에 관심을 가지고 배려해야 한다.
③ 남한에 정착할 수 있는 교육과 취업 기회 등을 제공해야 한다.
④ 잘 적응하는지 확인하기 위해 지속적인 감시가 이루어져야 한다.

10 통일 과정에서 북한 이탈 주민의 긍정적 역할로 가장 적절한 것은?

① 남한에서 획득한 자본을 가지고 미리 북한 자원을 확보한다.
② 남북한을 모두 경험하였기 때문에 미련 없이 다른 나라로의 망명을 선택한다.
③ 북한 사람들을 선동하여 남한 체제의 문제점을 지적하고 북한 체제의 유지를 주장한다.
④ 남북한의 모든 경험을 통해 통일 과정에서 일어날 수 있는 문제를 예측하고 대비하는 데 도움을 준다.

04 통일 윤리 의식

V 사회·공동체와의 관계 (2)

1 도덕적으로 바라본 통일의 필요성

1. 분단으로 인해 겪는 고통

공포심	언제 일어날지 모르는 전쟁에 대한 불안과 공포로 평화로운 삶을 위협받음
그리움	• 이산가족은 오랜 세월 동안 서로 만나지도 못한 채 살아옴 • 실향민은 가지 못하는 고향을 그리워함
이질화	오랜 단절로 언어, 생활 양식, 사고방식, 역사 해석 등에서 민족의 이질화가 심화됨
경제적 손실	• 남북 군사 대립에 따른 국방비 지출 • 중국과 러시아로 가는 통로의 차단

2. 통일의 필요성

(1) 평화의 정착
① 남한과 북한은 현재 휴전 상태로 전쟁의 재발에 대한 불안이 있음
② 전쟁의 위험이 사라지면 한반도와 동북아시아에 평화가 정착될 수 있음
③ 한반도와 동북아시아의 평화는 세계 평화와 인류 번영에도 기여함

☆(2) 인간 존엄성의 실현
① 이산가족과 실향민의 아픔을 치유할 수 있음
② 북한 주민의 정치적·경제적 자유를 확보할 수 있음
③ 북한 주민의 생존권과 인권 문제를 개선할 수 있음

(3) 민족 동질성의 회복
① 정치·경제·사회·문화 등에서 남북한의 이질화를 극복할 수 있음
② 남북한이 문화와 역사를 공유하는 민족 공동체가 될 수 있음

(4) 남북한의 경제적 번영
① 남한의 기술과 북한의 자원을 활용하여 국가 경쟁력을 향상할 수 있음
② 국방비 지출을 줄이고 복지 분야의 비용을 늘려 살기 좋은 나라를 만들 수 있음
③ 육로를 통해 중국, 러시아, 유럽 등으로 가는 길이 열리게 됨

콕콕 개념 확인하기

1. 남북한은 현재 휴전 상황이므로 전쟁이 재발할 가능성이 있다. (O, X)
2. 통일은 북한 주민의 인간다운 삶을 보장하는 길이 될 수 있다. (O, X)
3. 남한의 기술과 북한의 _____을/를 활용하여 국가 경쟁력을 높일 수 있다.

답 1. O 2. O 3. 자원

꼼꼼 단어 돋보기

● 이산가족
6·25 전쟁으로 헤어진 가족, 납북자 가족, 북한 이탈 주민 등

● 실향민
고향을 잃어버린 사람

2 통일 한국의 모습

1. 통일 한국에서 일어날 수 있는 문제점
① 남북한 주민의 경제적 격차에 의한 갈등
② 통일 비용의 부담과 세금 부과에 따른 압박
③ 남북한 주민들의 다른 생활 방식과 가치관의 충돌

쏙쏙 이해 더하기 | 통일에 관련된 비용

분단 비용	남북한의 대립과 갈등 때문에 분단 상태가 지속되는 과정에서 소요되는 비용
통일 비용	통합 과정과 통일 이후 남북한의 격차를 극복하고 남북한의 체제를 통합하는 데 소요되는 비용
통일 편익	통일로 얻게 되는 편리함과 이익으로, 통일 이후 지속해서 발생하는 보상과 혜택

2. 통일 한국의 미래상

(1) 자주적인 민족 국가
① 강한 국력과 튼튼한 안보를 지닌 국가
② 외세에 의존하지 않는 독립적인 국가

(2) 자유로운 민주 국가
① 국민의 권리가 보장되는 국가
② 국민의 의사에 따라 국가의 정책을 결정하고 집행하는 국가
③ 사회 구성원 모두가 주인이 되고 다양한 통로로 사회 참여가 가능한 국가

(3) 문화적·도덕적으로 성숙한 국가
① 남북한의 다름을 존중하고 배려하는 국가
② 민족 문화와 전통을 창의적으로 계승하여 발전시키는 국가
③ 다양하고 창조적인 문화 발전을 이룩한 수준 높은 문화 국가

(4) 정의로운 복지 국가
① 공정한 경쟁과 분배가 이루어지는 국가
② 보편적 가치를 지향함으로써 인간 존엄성이 보장되는 국가
③ 모든 구성원의 삶의 질 향상을 보장하는 풍요로운 복지 국가

(5) 국제적 위상이 높아진 국가
① 세계 평화와 세계 인권 증진에 기여하는 국가
② 남북한의 기술과 자원을 활용하여 발전하는 국가
③ 통일 과정에서 길러진 분쟁 해결 능력을 국제 사회에서도 발휘하는 국가

콕콕 개념 확인하기

1. 통일 과정에서는 많은 비용이 발생할 수 있다. (O, X)
2. 모든 사회 구성원들이 주인이 되는 나라인 자유로운 _____ 국가는 통일 한국의 미래상이다.
3. 통일 한국의 모습은 자원이 잘 분배되어 함께 행복을 꿈꾸는 정의로운 _____ 국가일 것이다.

답 1. ○ 2. 민주 3. 복지

꼼꼼 단어 돋보기

● 복지
행복한 삶 또는 행복하게 살 수 있는 사회 환경

● 위상
어떤 사물이 다른 사물과의 관계 속에서 가지는 위치나 상태

3 통일을 위한 노력

1. 개인적 노력

(1) 존중의 자세
  ① 북한에 대한 편견과 선입견 버리기
  ② 북한과 북한 주민의 다름을 인정하고 존중하는 자세 가지기

(2) 관용의 자세
  ① 통일의 필요성을 인식하고 통일 문제에 관심 가지기
  ② 북한 주민과 통일에 대한 관용적 자세 가지기

(3) 일상에서의 평화적 문제 해결
  ① 일상에서 갈등을 평화적으로 해결하는 습관 지니기
  ② 민족 공동체의 번영과 주변 국가와의 공존, 세계 평화에 이바지하는 방법 찾아보기

2. 사회적 노력

  ① **국민 인식 개선:** 국민들이 통일에 대한 올바르고 긍정적인 인식을 가질 수 있도록 안내하고 교육하기
  ② **통일 비용 마련:** 국민의 지지와 합의를 바탕으로 통일 비용 마련하기
  ③ **법과 제도 정비:** 통일 과정에서 발생할 수 있는 문제를 해결할 법과 제도 정비하기
  ④ **민족 동질성 회복:** 민족 동질성을 회복하여 자연스러운 민족의 통합을 이룰 수 있도록 노력하기
   예 『겨레말큰사전』 편찬 사업: 통일 이후의 언어의 차이를 극복하기 위해 남북한의 국어학자들이 만들고 있는 우리말 사전
  ⑤ **교류와 협력:** 서로의 안보와 평화를 해치지 않겠다는 약속을 지키고, 이해와 존중을 바탕으로 평화로운 교류와 협력하기
  ⑥ **국제적 협조:** 남북한의 통일에 대한 국제 사회의 지지와 협조를 얻기 위하여 외교적으로 노력하기

콕콕 개념 확인하기

1. 통일을 위해서는 통일에 대해 개인들도 긍정적인 바람을 갖고 있어야 한다. (O, X)
2. 사회·문화적인 남북한의 교류와 협력은 민족 동질성의 회복에 도움이 될 수 있다. (O, X)
3. 통일은 남북한만의 문제이기 때문에 다른 나라의 관심과 협조는 필요하지 않다. (O, X)

답 1. O 2. O 3. X

꼼꼼 단어 돋보기

● 인식
사물을 분별하고 판단하여 앎

● 통합
둘 이상의 조직이나 기구 따위를 하나로 합침

탄탄 실력 다지기

정답과 해설 18쪽

01 남북 분단의 결과에 대한 설명으로 가장 적절한 것은?

2017년 1회

① 전쟁의 위협이 사라졌다.
② 이념적 갈등을 해소하였다.
③ 민족 동질성을 회복하였다.
④ 이산가족에게 고통을 주고 있다.

03 분단으로 겪고 있는 고통을 〈보기〉에서 모두 고른 것은?

보기
ㄱ. 정전의 고요함
ㄴ. 민족의 이질화
ㄷ. 국방비의 지출
ㄹ. 이산가족의 그리움

① ㄱ, ㄷ
② ㄱ, ㄴ, ㄹ
③ ㄱ, ㄷ, ㄹ
④ ㄴ, ㄷ, ㄹ

04 통일의 필요성에 대한 설명으로 옳지 <u>않은</u> 것은?

① 이산가족과 실향민의 고통을 해결할 수 있어.

② 북한의 자원을 활용하여 남한만의 경제적 번영을 가져올 수 있어.

③ 분단 비용을 복지 비용으로 사용해 국민의 삶의 질을 높일 수 있어.

④ 통일은 남북한뿐만 아니라 동북아시아 전체의 평화 정착에 도움을 줄 수 있어.

주목
02 (가)에 들어갈 말로 가장 적절한 것은?

평화 정착 — 민족 동질성 회복
(가)
인간 존엄성 실현 — 한반도의 번영

① 통일
② 분단
③ 전쟁
④ 투쟁

05 통일 한국의 미래상으로 바람직하지 <u>않은</u> 것은?

2016년 1회

① 자유로운 민주 국가
② 평화로운 복지 국가
③ 폐쇄적인 민족 국가
④ 수준 높은 문화 국가

06 통일 한국에서 일어날 수 있는 문제점이 <u>아닌</u> 것은?

① 남북한 주민들의 경제적 격차에 따른 갈등
② 기존에 지출되었던 국방비보다 더 많은 지출
③ 주민들의 생활 방식과 가치관 차이로 인한 갈등
④ 통일 비용의 부담과 세금에 대한 분배 기준 문제

08 통일을 위한 개인적 노력이 <u>아닌</u> 것은?

① 통일에 대해 관용적인 태도를 갖는다.
② 통일의 필요성을 인식하고 긍정적인 관심을 갖는다.
③ 일상에서도 평화롭게 갈등을 해결하는 자세를 갖는다.
④ 자신의 삶과 통일은 무관하므로 본인 삶에만 집중하며 열심히 살아간다.

09 통일을 위한 사회적 노력으로 적절하지 <u>않은</u> 것은?

① 국민들의 지지와 합의를 바탕으로 통일 비용을 마련한다.
② 국민들이 통일에 대해 긍정적인 인식을 갖도록 교육을 실시한다.
③ 국민들에게 통일의 과정을 공개하면 거부가 심하므로 국가 기밀로 진행한다.
④ 『겨레말큰사전』 편찬 사업과 같이 함께 협력하여 민족 동질성 회복을 위해 노력한다.

07 통일과 관련된 비용에 대한 설명으로 옳지 <u>않은</u> 것은?

① 통일 편익은 통일로 인해 얻게 되는 편리와 이익을 뜻한다.
② 통일 비용은 통일 과정에서 생긴 교류비를 제외하여 계산한다.
③ 분단 비용은 분단 유지로 발생하는 비용으로, 군사비가 대표적이다.
④ 통일 비용은 도로, 공장 건설 등 통일 국가의 기반을 다지기 위해 들어가는 비용을 포함한다.

주목
10 다음을 통해 알 수 있는 내용으로 가장 적절한 것은?

세계 평화 지수(GPI)는 군사 예산, 무기 지출, 인접 국가와의 상대적 관계 등 23개 지표를 종합하여 평화를 점수화한 것이다. 대한민국은 2019년을 기준으로 전년도에 비해 한 난세 낮이긴 55위를 차지하였고, 북한은 149위를 기록하였다.

① 북한은 군사비가 적게 들 것이다.
② 대한민국은 상당히 평화로운 상태이다.
③ 대한민국은 계속적으로 평화로워지고 있다.
④ 통일이 되면 남북한의 평화 지수는 상승할 것이다.

자연 · 초월과의 관계

01

자연관

1 인간과 자연의 관계

1. 자연을 바라보는 관점+

(1) 인간 중심주의적 자연관

① 의미: 인간을 자연과 구별되는 유일한 존재로 여기며 인간만이 도덕적 가치를 지닌다고 보는 관점

② 특징

도구적 자연관	자연을 인간의 욕구, 이익, 필요를 충족하기 위한 수단으로 여김
이분법적 세계관	인간과 자연을 분리하여 보고 인간은 자연보다 우월하며 자연을 지배할 권리를 지닌다고 봄

③ 의의와 한계
- 의의: 과학 기술을 발전시켜 인간의 삶을 풍요롭게 함
- 한계: 무분별한 개발과 환경 파괴의 원인이 되어 인간의 삶을 위협할 수 있음

☆(2) 생태 중심주의적 자연관

① 의미: 자연의 모든 존재는 각각 고유한 가치를 지니고 있으며 서로 영향을 주고받는 의존적 관계라고 보는 관점

② 특징

본래적 자연관	자연 자체가 가진 본래의 가치를 존중해야 한다고 봄
통합적 세계관	인간, 동식물, 무생물 모두 자연의 일부라고 여김

③ 의의와 한계
- 의의: 생태계를 포괄적으로 바라볼 수 있는 시각을 제공해 주어 환경 문제를 해결하는 데 도움을 줌
- 한계: 환경 보존을 위해 경제 발전과 환경 개발을 멈추어야 한다는 주장으로 이어질 수 있음

2. 인간과 자연의 바람직한 관계

조화	극단적인 자연관을 경계하고 조화로운 관점을 가져야 함
공존	인간과 자연은 상호 의존적인 관계이므로 공존하는 방법을 모색해야 함
공감	다른 생명을 존중하고 지구 생태계가 겪고 있는 아픔에 공감하는 능력을 키워야 함
지속 가능한 발전	지구 생태계가 지속할 수 있도록 경제 성장과 환경 보존의 조화를 추구하는 발전이 이루어져야 함

+ 자연관의 변화
근대 이전에는 자연을 두려워하고 공경했지만, 근대 이후에는 자연을 인간을 위한 도구로 여기기 시작했다.

1. 인간 중심주의적 자연관은 자연을 본래적 가치로 여긴다. (O, X)
2. 다른 생명이 겪는 고통에 공감하는 능력은 환경 파괴 문제를 해결하는 데 도움이 된다. (O, X)

답 1. X 2. O

2 환경과 소비 생활

1. 소비 생활과 환경 오염

(1) 인간의 삶과 소비

① 소비: 삶을 유지하기 위해 물품을 구매하거나 서비스를 이용하는 것
② 인간은 소비 생활을 통해 편리함과 만족감을 얻으므로 소비는 인간의 삶에 꼭 필요함

☆(2) 환경에 부정적 영향을 끼치는 소비

① 물질주의적 소비: 물질적 만족을 최고의 가치로 여기고 필요 이상으로 물질을 소비하는 생활
② 과시적 소비: 자기를 과시하기 위해 환경을 고려하지 않고 소비하는 생활
③ 문제점
  • 한정된 자원을 고갈시키고 환경 파괴를 불러옴
  • 많은 양의 오염 물질을 배출하여 생태계의 자정 능력을 위협함

2. 환경친화적 소비 생활

(1) 환경친화적 소비의 의미

환경을 고려하고 자연과 더불어 살아가는 삶을 중시하는 소비

(2) 환경친화적 소비의 필요성

① 지구 자원의 유한성: 대량 소비와 무분별한 소비로 인해 지구의 한정된 자원을 고갈시킬 수 있음
② 미래 세대에 대한 의무: 생태계의 자원과 환경은 현세대뿐만 아니라 미래 세대도 누릴 수 있어야 함
③ 지구 생태계의 보호: 자연은 인간뿐만 아니라 다양한 생태계 구성원들이 공존하는 공간이며 파괴된 생태계는 회복이 어려움

1. 소비는 삶을 유지하기 위해 필요한 행위이지만, 필요 이상으로 물건을 소비하는 것은 환경 오염의 원인이 된다. (O, X)
2. 지구가 스스로 오염을 정화하여 최초의 상태로 복구하려는 능력을 _____(이)라고 한다.

답 1. O 2. 자정 능력

🔍 꼼꼼 단어 돋보기

● 자정 능력
스스로 오염을 정화하는 힘

❸ 환경친화적인 삶을 위한 구체적인 실천 방안

1. 오늘날의 환경 문제

① 인류는 자연을 오직 인간을 위한 수단으로 인식하면서 무분별한 발전과 환경 파괴를 초래함

② 현대의 환경 문제는 지구의 자정 능력을 넘어서 회복하기 어려운 범위로 나타나게 되었음

2. 환경친화적인 삶을 위한 노력

(1) 개인적 차원

① 일상생활에서 실천할 수 있는 환경친화적인 생활 습관 기르기

> **예** 일회용품 줄이기, 물건 재활용하기, 에너지 절약 실천하기, 음식 남기지 않고 먹기, 가까운 곳은 걸어서 이동하기 등

② 환경을 보호하는 활동에 관심을 가지고 지속적으로 참여하기

> **예** 로컬 푸드 운동⁺참여하기, 지구촌 전등 끄기 행사 참여하기 등

(2) 국가적 차원

① 친환경적인 삶을 장려하는 제도와 환경 오염을 일으키는 행위를 규제하는 법과 제도 마련하기

> **예** 환경 영향 평가 제도,⁺ 환경 마크 제도, 쓰레기 종량제 실시 등

② 환경친화적인 에너지 체제로 전환하는 정책 시행하기

> **예** 수소 에너지, 태양열 에너지, 해양 에너지, 바이오 에너지 등

③ 환경 문제를 해결하기 위해 노력하는 단체 지원하기

④ 환경의 소중함과 환경 오염의 심각성을 인식시키기 위한 교육 마련하기

(3) 국제적 차원

① 환경 문제는 다른 지역 또는 국가에 영향을 주고 문제를 해결하는 데 오랜 시간이 걸리며 완전한 해결이 어렵기 때문에 전 지구적 협력이 요구됨

② 각종 국제 협약을 체결하여 공동으로 문제를 개선하기 위해 노력하기

> **예** 기후 변화 협약,⁺ 생물 다양성 협약⁺등

콕콕 개념 확인하기

1. 개인의 노력은 환경 문제를 해결하는 데 아무런 도움이 되지 않는다. (O, X)
2. 환경 오염을 해결하기 위해서는 국제적 차원의 노력만이 필요하다. (O, X)

답 1. X 2. X

➕ 로컬 푸드 운동

장거리 운송을 거치지 않은 50 km 이내의 지역 농산물을 애용하는 운동

➕ 환경 영향 평가 제도

환경에 미칠 영향의 정도나 범위를 사전에 예측하고 평가하여 대책을 마련하는 제도

➕ 기후 변화 협약

지구의 온난화 방지를 위해 온실가스를 규제하는 국제 협약

➕ 생물 다양성 협약

지구상의 생물종과 생태계 보호를 위해 마련된 협약

탄탄 실력 다지기

정답과 해설 18쪽

주목

01 인간 중심적 자연관에 대한 설명으로 옳지 <u>않은</u> 것은?

① 환경 파괴를 초래할 수 있다.
② 자연은 본래적 가치를 지닌다고 본다.
③ 인간을 자연보다 우월한 존재로 여긴다.
④ 인간과 자연을 이분법적 시각에서 바라본다.

02 다음에서 설명하는 자연관으로 알맞은 것은?

> • 인간을 자연의 일부로 본다.
> • 자연을 그 자체로 존중해야 한다고 여긴다.

① 인간 중심적 자연관
② 동물 중심적 자연관
③ 생명 중심적 자연관
④ 생태 중심적 자연관

03 인간과 자연의 바람직한 관계가 <u>아닌</u> 것은?

① 조화
② 공존
③ 개별
④ 공감

04 환경 문제를 극복하기 위한 태도로 가장 적절한 것은?

① 인간의 편리한 삶을 최우선으로 생각한다.
② 자연과 인간이 공존할 수 있는 발전을 추구한다.
③ 환경 보전을 위해 자연 개발을 무조건 중단한다.
④ 자연을 인간의 도구로 생각하고 마음껏 개발한다.

05 ㉠에 들어갈 용어로 가장 적절한 것은?

> (㉠)은/는 인간의 삶을 유지하기 위해 물품을 구매하거나 서비스를 이용하는 것을 말한다. 필요 이상의 (㉠)은/는 한정된 자원을 고갈시키고 환경 오염을 일으킬 수 있으므로 주의해야 한다.

① 소비
② 생산
③ 계산
④ 분배

06 환경을 생각하며 소비해야 하는 이유로 적절하지 <u>않은</u> 것은?

① 경제적 이익을 얻을 수 있기 때문에
② 지구의 자원은 한정되어 있기 때문에
③ 환경 오염은 인간의 삶을 위협할 수 있기 때문에
④ 미래 세대도 생태계의 자원을 누릴 수 있어야 하기 때문에

07 환경친화적 삶을 실천하는 올바른 자세는? 2020년 1회

① 환경 문제에 관심을 두지 않는다.
② 편리한 생활을 위해 자원을 낭비한다.
③ 물질 중심적 태도로 생산하고 소비한다.
④ 생태계 보호를 위해 생활 쓰레기를 줄인다.

08 환경친화적인 삶을 위한 개인적 실천 방법으로 올바른 것은?

① 가까운 거리는 걸어서 다닌다.
② 시장을 볼 때 비닐봉지를 사용한다.
③ 시간을 절약하기 위해 일회용품을 쓴다.
④ 밝은 분위기를 연출하기 위해 불을 항상 켜 둔다.

09 환경 생태계를 살리는 실천 방법으로 옳지 <u>않은</u> 것은?
2019년 1회

① 재활용품을 적극적으로 사용한다.
② 가까운 거리도 항상 차량으로 이동한다.
③ 자원 재활용을 위해 분리 배출을 실천한다.
④ 음식을 필요한 만큼 먹고 가급적 남기지 않는다.

주목
10 환경 문제를 해결하기 위한 방안으로 옳지 <u>않은</u> 것은?

① 환경과 같은 큰 문제는 국가만 전담하여 해결한다.
② 기후 변화 협약과 같이 국제적 협력을 통해 함께 해결한다.
③ 쓰레기 분리수거 배출, 쓰레기 종량제와 같은 제도를 시행한다.
④ 환경 영향 평가 제도를 통해 상품이 환경에 미칠 영향을 평가하고 대책을 세운다.

02

Ⅵ 자연·초월과의 관계

과학과 윤리

¶ 과학 기술과 인간의 삶

1. 과학 기술의 의미와 발달 과정

(1) 과학의 의미

관찰과 실험을 통해 얻은 자연 현상에 대한 지식

(2) 기술의 의미

과학 이론을 실제로 적용하여 인간 생활에 유용하도록 가치 있는 재화나 서비스를 생산하게 하는 수단

(3) 과학 기술의 발달과 인간 생활의 변화

> 농경 사회: 농경과 목축, 정착 생활이 이루어짐
>
> ⇩
>
> 산업 사회: 산업 혁명 이후 기계의 발달로 대량 생산이 가능해짐
>
> ⇩
>
> 정보화 사회: 정보 통신 기술의 발달로 정보가 사회·경제 분야의 중심이 됨

참고 과학 기술의 발달은 인간의 삶에 큰 변화를 가져왔다.

☆ 2. 과학 기술의 영향

(1) 긍정적 영향

① 물질적 풍요
  - 농업 기술의 발달로 식량이 증대되어 굶주림에서 벗어날 수 있게 됨
  - 다양한 기계의 개발로 풍요롭고 편리한 삶을 살게 됨

② 여가 생활 확대: 기계의 자동화로 노동 시간이 단축되어 여가를 누릴 수 있게 됨

③ 인간의 활동 범위 확대: 교통과 통신의 발달로 시공간의 제약을 극복할 수 있게 됨

④ 지식과 문화 교류: 각종 매체의 발달로 다양한 문화를 여러 사람과 공유할 수 있게 됨

⑤ 건강 증진: 의학 기술의 발달은 인간의 질병 치료와 수명 연장에 도움을 줌

(2) 부정적 영향

① 인간 소외 현상: 인간이 하던 일을 기계가 대체하면서 인간의 인격이 상실되고 소외됨

  예 과학 기술에 대한 지나친 의존, 비인간화, 인간을 수단화하는 현상 등

② 생명 경시 현상: 생명을 다른 목적을 위한 수단으로 여겨 생명의 존엄성이 훼손됨

  예 유전자 변형 식품, 동물 실험, 안락사, 생명 복제, 인공 임신 중절 등

③ 평화 위협: 각종 무기의 개발로 인해 인류의 생명과 안전이 위협받을 수 있음

  예 대량 살상 무기, 핵무기 등

➕ 산업 사회

공장에서 일하는 노동자가 증가하고, 일자리를 찾아 농촌에서 도시로 이동하는 현상이 발생한다.

➕ 정보화 사회

정보가 빨리 생산·유통되고, 정보와 지식으로 자본과 부를 얻을 수 있다.

🔍 꼼꼼 단어 돋보기

● **풍요**
많아서 넉넉함

● **경시**
대수롭지 않게 보거나 업신여김

④ 환경 파괴: 대량 생산과 무분별한 소비로 환경의 자정 능력이 약화됨

　🔵 기후 변화, 자원 고갈, 동식물 종의 감소 등

⑤ **빈부 격차 심화**: 과학 기술의 보유 여부에 따라 개인과 국가 간의 빈부 격차가 심화됨

⑥ **사생활 침해**: 정보 통신 기술을 악용하여 개인 정보를 유출하고 사람들을 감시할 수 있음

　🔵 개인 정보 유출, 디지털 판옵티콘⁺사회, 빅브라더⁺ 등

3. 과학 기술을 바라보는 관점

(1) 과학 기술 만능주의

① 과학 기술에 대한 낙관적 시각
② 과학 기술은 모든 문제를 해결할 수 있다고 봄
③ 과학으로 이상 사회를 건설할 수 있다고 봄
④ 베이컨의 『뉴아틀란티스』⁺
⑤ 한계: 과학 기술의 부정적 측면을 간과함

(2) 과학 기술 혐오주의

① 과학 기술에 대한 비관적 시각
② 과학 기술은 문제를 일으키고 인류에 불행을 안겨 줄 수 있다고 봄
③ 과학 기술은 인간을 지배할 수 있고 생명과 환경을 파괴한다고 봄
④ 한계: 과학 기술의 성과와 혜택을 부정함

4. 과학 기술에 대한 올바른 시각

① 과학 기술을 인간 존엄성의 구현과 삶의 질 향상에 목적을 두고 개발해야 함
② 도덕적 성찰을 바탕으로 과학 기술의 부작용을 비판적으로 바라보고 문제를 최소화해야 함

콕콕 개념 확인하기

1. 과학 기술의 발달은 인간의 삶에 영향을 주지 않는다. (O, X)
2. 교통과 통신의 발달로 _____의 제약이 줄어들면서 인간의 활동 범위가 확대되었다.
3. 과학 기술의 발달로 인간의 인격이 상실되고 수단화되는 현상을 _____(이)라고 한다.
4. 베이컨은 과학 기술에 대한 낙관주의를 대표하는 인물이다. (O, X)
5. 과학 기술 혐오주의는 과학 기술이 인류에게 준 혜택보다 문제점을 강조한다. (O, X)

답　1. X　2. 시공간　3. 인간 소외 현상　4. O　5. O

➕ 디지털 판옵티콘
판옵티콘이란 벤담이 죄수를 효과적으로 감시할 목적으로 고안한 원형 감옥이다. 현대 사회는 정보 통신 기술 발달로 네트워크 감시 문제가 대두되었고, 이는 전자 감시 사회가 도래할 수 있다는 우려로 이어지고 있다.

➕ 빅브라더
조지 오웰의 소설 『1984』에서 유래한 것으로, 집안과 거리 곳곳에 설치된 '텔레스크린'으로 사람들의 행동을 감시하는 권력을 의미한다. 빅브라더는 정보를 독점하여 사회를 통제하는 권력과 상통한다.

➕ 베이컨의 『뉴아틀란티스』
영국의 정치가이자 철학자인 베이컨은 과학 기술 지상주의를 주장한 대표적인 인물이다. 그는 자신의 저서 『뉴아틀란티스』에서 새로운 과학 기술의 발전에 의해 인간 생활의 큰 변혁과 복지가 이루어질 수 있다고 하였다.

🔍 꼼꼼 단어 돋보기

● **혐오**
미워하고 싫어함

2 과학 기술에 책임이 필요한 이유

1. 과학 기술에 책임이 필요한 까닭

① 과학 기술의 결과는 예측하기 어렵고 복합적이기 때문
② 과학 기술의 영향이 광범위하고 파급력이 막대하기 때문
③ 인류나 생태계에 막대한 피해를 줄 수 있기 때문
④ 과학 기술은 개인, 기업, 국가의 이익과 밀접한 관련이 있기 때문
⑤ 과학 기술을 활용하는 과정에서 특정 가치가 개입될 수 있기 때문

2. 과학 기술과 책임 문제

(1) 과학 기술의 가치 중립성을 인정하는 입장

① 과학자는 자연법칙을 연구하는 사람으로 사실 그대로의 기술과 설명에 충실함
② 과학 기술의 결과는 과학자가 아닌 연구 결과를 활용하는 사람에게 책임이 있음
③ 과학은 객관적 사실을 관찰하고 논리적 사고로 지식을 얻기 때문에 도덕적 책임과는 무관함

(2) 과학 기술의 가치 중립성을 부정하는 입장

① 과학 기술의 연구는 과학자의 가치관이 개입되어 진행되므로 과학자에게 결과의 책임이 따름
② 과학자는 과학 기술의 결과에 부작용은 없을지 미리 예측하고 검토해야 함

☆ 3. 과학 기술의 책임 있는 활용

① 과학 기술은 인간의 삶의 질을 높여 주는 방향으로 활용되어야 함
> 예 빈곤 문제 해결, 적정 기술+ 등

② 미래 세대를 고려하여 환경을 보존하고 생명과 생태계를 보호해야 함
③ 연구 개발 단계에서 개발의 목적과 연구 결과에 대해 충분히 고민해야 함
> 예 기술 영향 평가+, 과학 기술 관련 회의 참여 등

④ 과학 기술의 연구와 사용은 인간 존엄성을 지키는 방향으로 이루어져야 함
⑤ 과학 기술을 바람직하게 사용하고 있는지 반성과 성찰의 자세가 필요함

콕콕 개념 확인하기

1. 과학 기술의 결과에 대한 책임이 과학자가 아니라 활용자에게 있다는 대도는 과학 기술의 가치 중립성을 (부정, 인정)하는 입장이다.
2. 과학 기술의 결과는 단순하기 때문에 그 결과의 영향력은 쉽게 예측할 수 있다. (O, X)
3. _____은/는 새로운 과학 기술을 도입하기 전에 부정적인 면을 최소화하기 위해 논의하는 활동이다.

답 1. 인정 2. X 3. 기술 영향 평가

＋ 적정 기술

적은 자본, 현지의 재료, 간단한 작업을 활용하여 지역 사회에 공헌하는 생산 활동이다.
예 물을 쉽게 옮기는 '큐드럼', 페트병 전구, 낡은 버스로 만든 교실, 자전거와 드럼통으로 만든 세탁기, 휴대용 정수기 '라이프스트로' 등

＋ 기술 영향 평가

새로운 과학 기술의 도입과 활용을 분석하여 긍정적인 면을 극대화하고 부정적인 면을 최소화하고자 논의하는 활동이다.

🔍 꼼꼼 단어 돋보기

● 파급력
어떤 일의 여파나 영향 따위가 차차 다른 데로 미치는 힘

● 가치 중립성
어느 한쪽의 가치관이나 태도에 치우치지 않는 상태

01 과학 기술의 긍정적 영향이 <u>아닌</u> 것은?

① 인간의 활동 범위가 확대되었다.
② 기계의 자동화로 노동 시간이 단축되었다.
③ 건강한 삶과 생명의 연장에 도움이 되었다.
④ 인간이 하던 일을 기계가 대신하면서 실업 문제가 발생하였다.

02 다음은 과학 기술의 발달 과정과 사회 변화의 모습이다. ㉠에 들어갈 말로 알맞은 것은?

> 농경과 목축에 종사하는 농경 사회 → 기계로 대량 생산이 가능한 (㉠) → 정보 통신 기술의 발달로 인한 정보화 사회

① 산업 사회
② 지구촌 사회
③ 자본주의 사회
④ 사회주의 사회

03 다음 내용에 나타난 과학 기술 발달의 긍정적 효과는?

> 박물관이나 미술관에 직접 가지 않아도 다양한 매체를 통해 수준 높은 작품들을 누구나 감상할 수 있다.

① 건강 증진
② 물질적 풍요
③ 여가 시간 증가
④ 문화의 평등한 교류

주목

04 다음에 공통으로 나타난 과학 기술의 부정적 영향은?

> • 생명 복제
> • 동물 실험
> • 유전자 변형 식품

① 인간 소외
② 평화 위협
③ 생명 경시
④ 빈부 격차

05 ㉠에 들어갈 대답으로 적절하지 <u>않은</u> 것은? 2020년 1회

윤리적 책임을 고려할 때 과학 기술의 바람직한 활용 방향은 무엇일까요?

㉠

① 평화적으로 이용해야 합니다.
② 인류의 공공선에 기여해야 합니다.
③ 미래 세대에 미칠 영향을 고려해야 합니다.
④ 무분별한 과학 지상주의를 강화해야 합니다.

06 과학 기술을 바라보는 관점이 <u>다른</u> 하나는?

① 과학 기술은 만능이야.

② 과학으로 이상 사회를 건설할 수 있어.

③ 과학 기술은 인류에게 불행만 가져다 줘.

④ 과학 기술은 모든 문제를 해결할 수 있어.

07 다음 설명에 해당하는 사람은?

- 『뉴아틀란티스』 저술
- 과학 기술 만능주의 신봉

① 칸트
② 베이컨
③ 플라톤
④ 데카르트

08 바람직한 과학 기술의 활용 방향을 〈보기〉에서 고른 것은?   2017년 1회

보기
ㄱ. 인류 복지 증진
ㄴ. 미래 세대에 대한 책임 강화
ㄷ. 무분별한 과학 지상주의 추구
ㄹ. 과학 기술의 사회적 역할 부정

① ㄱ, ㄴ
② ㄱ, ㄷ
③ ㄴ, ㄹ
④ ㄷ, ㄹ

09 다음에서 설명하는 관점으로 알맞은 것은?

과학자는 자연법칙을 자율적으로 연구하는 사람이고, 과학 기술의 결과가 어떻게 나오는지는 전적으로 활용하는 사람에게 책임이 따른다. 따라서 과학자는 도덕적 책임과 무관하다고 볼 수 있다.

① 가치 쏠림성
② 가치 개입성
③ 가치 중립성
④ 가치 대립성

주목
10 과학 기술의 영향력에 관한 설명으로 적절하지 <u>않은</u> 것은?

① 과학 기술의 영향력은 쉽게 봉쇄할 수 없다.
② 과학 기술은 인간의 삶에 큰 영향을 주지 않는다.
③ 단 한 번의 사용으로도 인류나 생태계의 생존에 큰 위협이 될 수 있다.
④ 활용 결과를 예측하기 어렵고 복잡하여 부작용에 완전히 대비하기 힘들다.

03 삶의 소중함

1 삶을 소중하게 만드는 것

1. 삶과 생명

(1) 의미
① 삶: 살아가면서 채워가는 전 과정
② 생명: 사람이 살아서 숨 쉬고 활동할 수 있는 힘

☆(2) 특성
① 유한성: 한번 잃으면 되찾을 수 없고, 누구에게나 하나밖에 없음
② 고유성: 나의 삶과 생명은 나만의 고유한 것이고, 다른 것으로 대체할 수 없음

2. 삶을 소중하게 만들어 주는 것⁺

① 주변 사람들과의 관계 속에서 삶의 소중함을 느낌
② 꿈이나 소망을 이루어 나가면서 삶의 소중함을 알게 됨
③ 즐거움을 느끼거나 원하는 것과 좋아하는 것을 얻었을 때 삶의 기쁨을 느낌

3. 삶을 대하는 바람직한 태도

(1) 존중의 태도
① 생명은 그 자체로서 인간에게 소중한 가치를 지님
② 생명을 가진 모든 것은 이 세상에서 오직 하나뿐인 존재임
③ 나와 다른 사람의 삶을 소중히 여기고 존중해야 함

(2) 적극적 태도
① 삶은 한 번뿐이기 때문에 매 순간 적극적으로 임해야 함
② 인간다운 삶을 살기 위해 자기 개발과 자아실현을 위해 노력해야 함

4. 동서양 사상가들이 바라본 생명의 소중함

맹자	인간은 생명을 존중하려는 본성을 타고남
칸트	인간을 언제나 목적으로 대우해야 하고 수단으로 여겨서는 안 됨
슈바이처	모든 생명은 신비한 가치를 가지고 있기 때문에 존중해야 할 의무가 있음

+ 소중한 삶을 망치는 원인
• 개인적 차원: 가정 불화, 인간관계 갈등, 외로움, 우울증, 스트레스, 지나친 욕심, 후회 등
• 사회적 차원: 경제적 불평등, 자극적이고 선정적인 내용을 담은 대중 매체, 경쟁을 부추기는 사회 분위기, 각종 범죄와 테러, 전쟁 등

콕콕 개념 확인하기

1. 삶은 누구에게나 하나밖에 없고 다른 것으로 대체할 수 없다. (O, X)
2. 내 삶을 사는 사람은 나 하나이기 때문에 나의 삶은 특별하고 소중하다. (O, X)
3. _____은/는 인간을 언제나 수단이 아닌 목적으로 대우해야 한다고 말하였다.

답 1. ○ 2. ○ 3. 칸트

2 죽음에 대한 이해

1. 죽음의 의미와 특성

(1) 의미

육체의 기능이 완전히 정지되어 생명이 끊어지는 것

⭐(2) 특성

① 보편성: 누구나 겪게 되는 한계 상황임

② 필연성: 피할 수 없는 삶의 과정임

③ 예측 불가능성: 죽음이 언제 올지 알 수 없음

④ 삶의 유한성[+]: 삶이 영원하지 않음을 깨닫게 해 줌

2. 죽음의 도덕적 의미[+]

① 삶의 유한성을 깨닫고 욕심과 집착에서 벗어날 수 있음

② 주어진 삶에 감사하는 마음과 겸허한 태도를 가질 수 있음

③ 자신의 삶을 반성하고 올바른 삶을 살아가겠다고 다짐할 수 있음

④ 사랑하는 사람들과 함께하는 시간을 더 값지고 감사하게 여기며 보낼 수 있음

> **콕콕 개념 확인하기**
>
> 1. 죽음을 통해 삶의 시간이 무한하지 않다는 것을 깨닫게 된다. (O, X)
> 2. 죽음을 성찰하면서 후회하지 않는 삶을 살기 위해 노력할 수 있다. (O, X)
>
> 답 1. O 2. O

+ 삶의 유한성을 강조한 격언

• 카르페 디엠(Carpe Diem): '현재에 충실하라.'라는 라틴어로, 현재가 중요하다는 의미를 담고 있다.

• 메멘토 모리(Memento Mori): '죽음을 기억하라.'라는 라틴어로, 삶의 유한성을 깨닫고 겸손하게 행동하라는 의미를 담고 있다.

+ 죽음이 두려운 이유

사람이 죽음을 두려워하는 이유는 죽음 이후의 세계에 대해 모르고 죽음에 이르는 것이 고통스럽다고 생각하며 사랑하고 친숙한 것들과 영원히 이별해야 하기 때문이다.

---

3 삶을 의미 있게 살아가는 방법

1. 유한성의 자각

인간은 삶의 유한함을 자각하고 의미 있는 삶을 살기 위하여 물질 문명을 발전시키고 정신적 가치[+]를 추구하는 등 삶을 풍요롭게 만들기 위해 노력함

2. 의미 있는 삶의 추구

(1) 의미 있는 삶

① 개인적 차원: 자신의 삶에 의미를 부여하고 자아실현을 위해 노력하는 삶

② 사회적 차원: 규범을 지키고 사회적 역할을 수행하며 사회에 이바지하는 삶

⭐(2) 의미 있는 삶을 위한 노력

① 구체적인 목표를 설정하고 실천하기

② 매 순간 긍정적 의미를 부여하고 보람과 만족 추구하기

> **콕콕 개념 확인하기**
>
> 1. 인간은 학문, 예술, 종교 활동 등을 통해 의미 있는 삶을 살고자 한다. (O, X)
> 2. 의미 있는 삶을 살기 위하여 추상적인 삶의 목표를 세우고 실천해야 한다. (O, X)
>
> 답 1. O 2. X

+ 의미 있는 삶을 위한 인간의 노력

• 학문 활동: 학문을 탐구하여 세계를 이해하고 진리를 추구함

• 도덕 생활: 도덕적으로 옳고 그름을 가려 선한 삶을 추구함

• 예술 활동: 예술을 창조하고 누리며 아름다움을 추구함

• 종교 활동: 고통과 한계를 극복하고 경건한 삶을 추구함

01 삶이 소중한 이유로 적절하지 <u>않은</u> 것은?

① 그 자체로서 소중하기 때문에
② 누구에게나 하나밖에 없기 때문에
③ 다른 것으로 대체할 수 없기 때문에
④ 시간상으로 시작과 끝이 없기 때문에

주목

03 삶을 소중하게 만드는 것에 대한 발표 내용으로 적절하지 <u>않은</u> 것은?

① 나는 항상 남을 이기는 삶이 멋있다고 생각해.
② 내가 좋아하는 것을 찾았을 때 뿌듯해.
③ 내가 하는 일에 열정을 쏟을 때 보람을 느껴.
④ 나는 주변 사람들과 대화할 때 행복해.

04 죽음의 특성을 〈보기〉에서 모두 고른 것은?

보기

ㄱ. 사람이라면 누구나 경험하게 된다.
ㄴ. 삶에서 여러 번 반복되는 상황이다.
ㄷ. 삶이 유한하다는 것을 깨닫게 해 준다.
ㄹ. 피할 수 있는 삶의 과정이므로 조심해야 한다.

① ㄱ, ㄴ
② ㄱ, ㄷ
③ ㄴ, ㄷ
④ ㄷ, ㄹ

02 소중한 삶을 망치는 원인 중 사회적 차원에 해당하는 것은?

① 우울증
② 가정 불화
③ 지나친 욕심
④ 각종 범죄와 테러

05 다음에서 공통으로 두려워하는 것은?

> • 엄청난 아픔이 느껴질 것만 같다.
> • 사랑하는 사람들과 이별해야 한다.

① 치료
② 발표
③ 이사
④ 죽음

08 다음 격언을 통해 얻을 수 있는 교훈은?

> • 카르페 디엠은 '현재에 충실하라.'라는 라틴어이다.
> • 메멘토 모리는 '죽음을 기억하라.'라는 라틴어이다.

① 과거나 미래는 아예 생각하지 않아도 된다.
② 죽음의 시간만 다가오길 기다리며 살아간다.
③ 삶은 정해져 있기 때문에 의미를 두지 않는다.
④ 현재의 삶을 소중히 여기며 겸손하게 살아간다.

06 죽음의 도덕적 의미에 해당하지 <u>않는</u> 것은?

① 욕심과 집착에서 벗어날 수 있다.
② 현재의 시간을 소중히 여기게 된다.
③ 자신의 잘못을 반성하고 개선하게 한다.
④ 즐겁게 살기 위하여 쾌락적 욕구만 추구하게 된다.

주목

09 의미 있는 삶을 위한 노력으로 적절하지 <u>않은</u> 것은?

① 현재의 삶에 집중한다.
② 후회와 포기를 반복한다.
③ 보람과 만족을 추구한다.
④ 목표를 설정하고 실천한다.

07 유한한 삶을 의미 있게 살기 위한 자세로 적절한 것은?

2018년 2회

① 하루하루 헛되이 살아간다.
② 할 수 있는 일이 없다고 좌절한다.
③ 언제 죽을지 몰라 불안하게 살아간다.
④ 주어진 삶에 감사하고, 삶을 소중히 여긴다.

10 의미 있는 삶의 자세로 적절하지 <u>않은</u> 것은?

① 경건함을 추구하는 삶
② 진리 탐구를 추구하는 삶
③ 예술의 창조를 추구하는 삶
④ 경제적 이익만을 추구하는 삶

04 마음의 평화

Ⅵ 자연 · 초월과의 관계

1 고통에 대처하는 자세

1. 고통의 의미와 종류

(1) 의미

① 몸과 마음의 아픔을 통틀어 말함

② 누구나 살아가면서 고통을 경험함

(2) 종류

① 신체적 고통: 사고, 질병, 노화 등을 이유로 몸에 생기는 고통

② 정신적 고통: 갈등, 스트레스 등을 이유로 마음에 생기는 고통

참고 신체적 고통과 정신적 고통은 서로 영향을 주며 함께 나타나는 경우가 많다.

2. 고통의 원인과 역할

☆(1) 원인

① 자신의 의지와 상관없이 발생하는 경우 예 생로병사

② 자신의 지나친 욕심과 잘못된 행동 등으로 일어나는 경우

③ 다른 사람, 자연재해, 전쟁, 잘못된 사회 구조(차별)에 의해 비롯되는 경우

참고 고통의 원인은 다양하고 복잡해서 피하지 못할 때가 많다.

(2) 역할

① 고통스러운 경험을 통해 자기반성의 기회를 가짐

② 고통의 극복은 인격의 성숙과 더불어 사는 삶의 소중함을 깨닫는 계기가 됨

③ 다른 사람의 고통에 관심을 갖고 공감하는 사람으로 성장할 수 있음

3. 고통에 대처하는 자세

① 고통을 용기 있게 마주하고 변화시키기 위해 노력하기

② 생각을 긍정적으로 바꾸고 과도한 욕심과 집착 버리기

③ 비슷한 고통을 겪는 사람들과 함께 경험담 나누기

④ 다른 사람의 고통에 관심을 가지고 도울 수 있는 방법 찾아보기

⑤ 자신을 고통스럽게 하는 상황이나 잘못된 사회 제도를 개선하기 위해 노력하기

콕콕 개념 확인하기

1. 몸으로만 느껴지는 아픔을 고통이라고 한다. (O, X)

2. 고통은 개인의 의지나 의사와 상관없이 발생하기도 한다. (O, X)

3. 다른 사람과 고통에 관한 경험담을 나누는 것은 고통 해소에 도움이 된다. (O, X)

답 1. X 2. O 3. O

꼼꼼 단어 돋보기

● 경험담

자신이 실제로 해 보거나 겪어 본 일에 대한 이야기

2 희망과 마음의 평화

1. 희망†의 의미와 중요성

(1) 의미

아직 이루어지지 않은 것이 이루어지거나 더 나은 삶이 만들어지길 바라는 것

(2) 종류

① 개인적 차원의 희망: 개인의 삶에서 실현되기를 바라는 것

② 사회적 차원의 희망: 사회가 더 나아질 것이라고 기대하는 것

> 참고 개인적 차원과 사회적 차원의 희망은 상호 보완적 관계이다.

☆(3) 중요성

① 삶을 의미 있게 만듦

② 어려움을 극복하는 데 도움을 줌

③ 개인과 사회가 발전하는 원동력이 됨

④ 우리의 궁극적 희망은 행복임

> 참고 헛된 상상(노력 없이 결과만 바람)이나 잘못된 꿈(수단과 방법을 가리지 않고 바람)은 희망에 해당하지 않는다.

2. 마음의 평화

(1) 의미

부정적인 감정(질투, 분노, 욕심 등)을 잘 다스려서 마음이 평안하고 고요한 상태

(2) 중요성

① 쉽게 화를 내지 않아 다른 사람들과 원만한 관계를 형성할 수 있음

② 감정을 잘 조절하여 스스로 괴로워할 일을 줄일 수 있음

③ 삶 자체를 즐길 수 있는 여유가 생김

(3) 마음의 평화를 얻는 방법

① 선조들의 조언을 살피고 따르기

② 다른 사람들과 비교하면서 지나치게 욕심부리지 않기

③ 역지사지의 마음을 가지고 다른 사람의 실수나 잘못을 용서하기

④ 명상, 감사 일기, 독서, 여행, 음악 감상, 종교 활동 등을 일상생활에서 실천하기

⑤ 자신의 장단점을 있는 그대로 받아들이고 부족한 점은 고쳐 나가는 긍정적인 자세 지니기

쏙쏙 이해 더하기 | **마음의 평화를 얻는 방법**

• **동양**: 유교(수양: 몸과 마음을 닦음), 불교(자비: 남을 사랑하고 가엾게 여김)

• **서양**: 에피쿠로스학파(지속적이고 정신적인 쾌락 추구), 스토아학파(이성을 통해 감정과 욕망 절제)

콕콕 개념 확인하기

1. 우리의 삶의 궁극적 _____은/는 행복하게 사는 것이다.

2. 마음이 평온하고 고요한 상태를 마음의 _____(이)라고 한다.

3. 남과 비교하여 남보다 더 잘되려고 노력할 때 마음의 평화를 얻게 된다. (O, X)

답 1. 희망 2. 평화 3. X

+ 희망에 관한 명언

> • 인간은 살아 있기 위해 무언가에 대한 열망을 간직해야 한다. — 마가렛 딜란드 —
> • 낙관주의는 성공으로 인도하는 믿음이다. 희망과 자신감이 없으면 아무것도 이루어질 수 없다. — 헬렌 켈러 —
> • 인류의 대다수를 먹여 살리는 것은 희망이다. — 소포클레스 —

01 ㉠에 들어갈 말로 알맞은 것은?

> (㉠)은/는 몸과 마음의 아픔을 뜻합니다.

① 고통
② 슬픔
③ 상처
④ 흔적

02 ㉠에 들어갈 말로 가장 적절한 것은?

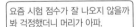

> 요즘 시험 점수가 잘 나오지 않을까 봐 걱정했더니 머리가 아파.

> ㉠

① 불안, 좌절, 우울은 신체적 고통에 해당돼.
② 시험으로 인한 고통은 너만 겪는 고통이야.
③ 정신적으로 힘들면 신체적으로 아프기도 해.
④ 신체적으로는 다치지 않았으니 고통이 아니야.

03 고통의 원인에 대한 설명으로 가장 적절한 것은?

① 고통의 원인은 다양하고 복잡하다.
② 고통은 다른 사람에 의해서만 발생한다.
③ 고통은 사회적 요인에 의해서만 발생한다.
④ 고통은 자신의 의지에 의해서만 발생한다.

04 고통에 대한 설명으로 옳지 않은 것은?

① 마음과 몸의 고통은 명확하게 구별된다.
② 몸이 느끼는 고통을 신체적 고통이라고 한다.
③ 마음이 느끼는 고통을 정신적 고통이라고 한다.
④ 사람은 누구나 일상에서 크고 작은 고통을 느낀다.

주목

05 고통의 긍정적 결과에 해당하지 않는 것은?

① 자기반성의 기회가 된다.
② 신체적 장애를 유발한다.
③ 인격 성숙의 기회가 된다.
④ 공감 능력을 기를 수 있다.

06 고통에 대처하는 자세로 적절한 것은?

① 용기 있게 마주해야 해.
② 부정적으로 생각해야 해.
③ 상황을 무조건 회피해야 해.
④ 다른 사람에게 화풀이를 해야 해.

07 마음의 평화를 얻기 위한 태도로 가장 적절한 것은?

2018년 2회

① 비관적인 태도를 가져야 한다.
② 원한과 증오심을 유지해야 한다.
③ 감정과 욕구를 잘 조절해야 한다.
④ 타인의 실수를 용서하지 말아야 한다.

08 마음의 평화를 얻는 방법에 해당하는 것은?

① 다른 사람과 어울리지 않는다.
② 자신과 다른 사람을 비교한다.
③ 다른 사람의 행동을 무조건 비난한다.
④ 자신을 존중하고 부족한 점은 노력을 통해 개선한다.

09 희망에 대한 설명으로 옳지 않은 것은?

① 노력 없이 결과만 바라는 태도는 옳지 않다.
② 행복하게 사는 것이 우리의 궁극적 희망이다.
③ 수단과 방법을 가리지 말고 바라야 얻게 된다.
④ 아직 이루어지지 않았지만 이루고 싶은 것이다.

10 희망을 추구하는 자세로 바람직한 것은?

① 비현실적인 희망을 추구한다.
② 다른 사람의 피해는 고려하지 않는다.
③ 옳지 않더라도 포기하지 않고 추구한다.
④ 개인적 희망과 사회적 희망을 균형 있게 추구한다.

모바일 OMR
채점 & 성적 분석

QR 코드를 활용하여, 쉽고 빠른
응시 – 채점–성적 분석을 해 보세요!

STEP 1 QR 코드 스캔

STEP 2 모바일 OMR 작성

STEP 3 채점 결과 & 성적 분석 확인

해당 서비스는 2025. 08. 31까지만 이용하실 수 있습니다.

▶ QR 코드는 어떻게 스캔하나요?

① 네이버앱 ⇨ 그린닷 ⇨ 렌즈

② 카카오톡 ⇨ 더보기 ⇨ 코드 스캔(우측 상단 모양)

③ 스마트폰 내장 카메라 사용(촬영 버튼을 누르지 않고 카메라
화면에 QR 코드를 비추면 URL이 자동으로 뜬답니다.)

최종
실력점검

🕐 제한시간: 30분   정답과 해설 **22**쪽

---

01 ㉠에 공통으로 들어갈 용어는?

> ○ (㉠)은/는 마땅히 그렇게 해야 되는 것 또는 해서는 안 되는 것을 의미한다.
> ○ (㉠)은/는 욕구를 조절해 주고 삶을 올바른 방향으로 이끌어 준다.

① 양심
② 당위
③ 자율
④ 집착

---

02 양심에 대한 설명으로 가장 적절한 것은?

① 양심은 그저 착한 마음이다.
② 양심은 행동을 따라가는 마음이다.
③ 양심은 자신만 생각하는 마음이다.
④ 양심은 옳고 그른 것을 구별하게 하는 마음이다.

---

03 ㉠에 들어갈 내용으로 가장 적절한 것은?

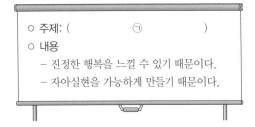

> ○ 주제: (㉠)
> ○ 내용
> – 진정한 행복을 느낄 수 있기 때문이다.
> – 자아실현을 가능하게 만들기 때문이다.

① 인생을 살아가야 하는 이유
② 인생의 계획을 세워야 하는 이유
③ 도덕적인 삶을 살아야 하는 이유
④ 동물이 아닌 사람으로 태어난 이유

---

04 (가)에 들어갈 알맞은 말은?

① 도덕적 지식
② 도덕적 사고
③ 도덕적 상상력
④ 도덕적 실천 의지

---

05 판단의 성격이 다른 하나는?

① 여름 날씨는 덥고 습하다.
② 친구의 행동은 바람직하다.
③ 만개한 장미꽃이 아름답다.
④ 개그 공연을 보는 것은 재미있다.

---

06 좋은 습관을 만드는 방법을 〈보기〉에서 모두 고른 것은?

> **보기**
> ㄱ. 자신의 행동이 바람직한지 성찰해 본다.
> ㄴ. 몸이 아프더라도 계획을 무조건 지킨다.
> ㄷ. 도덕적인 행동을 반복해 익숙하게 한다.
> ㄹ. 기분에 따라 그때그때 하고 싶은 일을 한다.

① ㄱ, ㄴ
② ㄱ, ㄷ
③ ㄴ, ㄹ
④ ㄷ, ㄹ

---

07 다음 갈등을 해결하기 위한 노력으로 가장 적절한 것은?

○ 부부간의 가사 일 분담
○ 부모 자녀 간의 세대 차이
○ 형제자매 간의 경쟁

① 상호 의지하지 않는 생활 태도
② 부딪힘을 최소화하는 동선 계획
③ 서로를 이해하기 위한 의사소통
④ 나이가 많은 사람에게 희생 강요

08 청소년기에 올바른 성 윤리를 실천하는 방법이 <u>아닌</u> 것은?

① 선정적인 매체 이용 자제하기
② 일상의 대부분을 이성 친구와 함께 보내기
③ 성의 생식적 가치를 새기며 책임 있게 행동하기
④ 인터넷에서 얻은 성의 정보를 비판적으로 수용하기

09 다음 일기에서 진정한 봉사 활동에 해당하지 <u>않는</u> 것은?

○○○○년 ○○월 ○○일
나는 오늘 지역 복지 시설에 봉사 활동을 다녀왔다. 친구가 같이 가자고 조르는 바람에 ①억지로 다녀왔다. 그래도 ②남을 위해 ③대가 없이 무언가를 한다는 것이 뿌듯한 경험이었다. 앞으로는 ④지속적으로 봉사 활동을 다녀야겠다.

10 다음 빙고 게임에서 인권의 특성만 적은 것은?

개별성	보편성	침해성
등록성	천부성	차별성
평등성	불가침성	후천성

① 위에서 첫 번째 가로줄
② 위에서 세 번째 가로줄
③ 왼쪽에서 첫 번째 세로줄
④ 왼쪽에서 두 번째 세로줄

11 다음을 실현하기 위한 노력이 <u>아닌</u> 것은?

인간 존엄성에 의하면 사람이라면 누구나 마땅히 존중받아야 한다.

① 사회적 약자를 위한 법과 제도 시행하기
② 나와 다른 취향을 가진 사람들 존중하기
③ 고정 관념과 편견에 입각하여 타인 대하기
④ 양성평등 의식을 함양하고 성 역할 고정 관념을 탈피하기

12 다음과 같은 사회에서 가장 바람직한 태도는?

다양한 인종과 관습, 종교 등을 가진 사람들이 함께 어울리며 살아간다.

① 문화 상대주의
② 문화 사대주의
③ 문화 보편주의
④ 자문화 중심주의

13 사이버 공간을 바람직하게 이용하기 위한 노력에 해당하지 <u>않는</u> 것은?

① 다른 사람을 비방하는 댓글을 달지 않는다.
② 인터넷에 올라온 정보는 마음대로 사용한다.
③ 자신의 개인 정보를 함부로 공개하지 않는다.
④ 다른 사람의 사생활을 침해하거나 공유하지 않는다.

14 갈등 상황에 놓인 관계가 <u>아닌</u> 것은?

① 층간 소음으로 말다툼을 한 이웃
② 오해 때문에 감정이 상한 친구와 나
③ 해결책을 찾기 위해 브레인스토밍하는 조직
④ 스마트폰 사용 시간을 두고 다투는 자녀와 부모님

15 갈등을 평화적으로 해결하는 방법으로 옳지 <u>않은</u> 것은?

① 서로가 합의한 내용을 수용하고 따른다.
② 감정을 조절하고 상황을 객관적으로 판단한다.
③ 자신의 주장만 내세우고 남의 말은 듣지 않는다.
④ 자신의 주장을 뒷받침할 근거를 제시하여 설득한다.

16 시민 불복종이 정당화되기 위한 조건이 <u>아닌</u> 것은?

① 마지막 수단이어야 한다.
② 폭력 행위 없이 진행되어야 한다.
③ 사익보다는 공익을 위한 것이어야 한다.
④ 잘못된 법을 개선하는 것이므로 처벌을 피해야 한다.

17 다음에서 설명하는 국가가 추구해야 할 가치는?

> 국민 누구나 기본적인 삶이 보장되어 인간다운 삶을 살아갈 수 있도록 해야 한다.

① 복지
② 안보
③ 청렴
④ 경쟁

18 폭력에 대한 옳은 설명을 〈보기〉에서 모두 고른 것은?

> **보기**
> ㄱ. 폭력은 새로운 폭력으로 이어질 수 있다.
> ㄴ. 폭력은 다른 사람의 자유와 권리를 침해한다.
> ㄷ. 폭력은 갈등을 해결하여 사회를 평화롭게 만든다.

① ㄱ, ㄴ
② ㄱ, ㄷ
③ ㄴ, ㄷ
④ ㄱ, ㄴ, ㄷ

19 ㉠, ㉡에 들어갈 말을 바르게 연결한 것은?

> 사회의 한정된 자원을 개인의 노력에 따라 잘 분배하기 위해서는 공정한 (㉠)이/가 필요하다. 만일 이기적인 개인이 불공정하게 이익을 취하려 한다면 (㉡)이/가 발생하게 된다.

	㉠	㉡
①	경쟁	청렴
②	경쟁	갈등
③	갈등	부패
④	갈등	정의

20 ㉠에 들어갈 대답으로 적절한 것은?

현재 분단 상황으로 많은 군사비가 들어가고 있고, 이산가족의 슬픔과 북한 주민의 인권 문제 등 안타까운 상황이 발생하고 있습니다.

㉠ 이/가 많이 들어 가겠어요.

① 기회비용
② 통일 비용
③ 통일 편익
④ 분단 비용

21 환경친화적인 삶의 모습으로 적절하지 <u>않은</u> 것은?

① 일회용품을 사용한다.
② 가까운 거리는 대중교통을 이용한다.
③ 음식은 필요한 만큼 먹고 남기지 않는다.
④ 자원 재활용을 위해 분리 배출을 실천한다.

22 과학 기술의 윤리적 책임에 대한 설명으로 옳은 것은?

① 과학 기술은 영향력이 미비하기 때문에 책임질 필요가 없다.
② 과학 기술은 연구할 때가 아닌 활용할 때에만 책임이 따른다.
③ 과학 기술은 인간과 자연환경에 큰 영향을 주기 때문에 책임이 필요하다.
④ 과학 기술은 모든 것을 예측할 수 있기 때문에 예측된 결과만 책임지면 된다.

23 삶을 소중하게 만들어 주는 것에 해당하지 <u>않는</u> 것은?

① 배려
② 용서
③ 사랑
④ 복수

24 다음 질문의 목적으로 가장 바람직한 것은?

> 내가 이 세상에 존재하지 않을 때 다른 사람들은 나를 어떻게 기억할까?

① 죽음을 통해 삶을 성찰하고자 한다.
② 나를 나쁘게 생각하는 사람들과 관계를 끊는다.
③ 다른 사람들의 기억 속에서 사라질 준비를 한다.
④ 잠시 사라져서 주변 사람들을 놀라게 하고 싶다.

25 고통에 올바르게 대처하는 방법이 <u>아닌</u> 것은?

① 지나친 욕심과 집착을 줄인다.
② 고통스러운 상황을 무조건 피한다.
③ 다른 사람의 고통에 관심을 기울인다.
④ 용기 있는 자세로 고통을 바라보고 대한다.

🕐 제한시간: 30분

정답과 해설 **24쪽**

01 도덕적인 삶을 살아야 하는 이유를 〈보기〉에서 모두 고른 것은?

> **보기**
> ㄱ. 반성하는 삶을 살 수 있기 때문에
> ㄴ. 경제적 이익을 얻을 수 있기 때문에
> ㄷ. 철저한 개인주의 삶을 살 수 있기 때문에
> ㄹ. 더불어 살 때 큰 행복을 얻을 수 있기 때문에

① ㄱ, ㄹ
② ㄴ, ㄷ
③ ㄴ, ㄹ
④ ㄷ, ㄹ

02 도덕적으로 본받을 만한 인물에 대한 설명으로 가장 적절한 것은?

① 인물이 이룬 위대한 업적을 부러워만 한다.
② 모든 사람이 존경하는 사람을 존경해야 한다.
③ 인물의 삶을 무조건 똑같이 따라서 살아야 한다.
④ 인물의 삶을 기준 삼아 나의 삶을 성찰해야 한다.

03 다음 내용을 통해 얻고자 하는 것은?

> 1. 당신은 누구입니까?
> 2. 당신은 무엇을 좋아합니까?
> 3. 친구들은 당신을 어떻게 표현합니까?
> 4. 장래 희망은 무엇으로 결정했습니까?

① 자아실현 달성
② 선물 목록 작성
③ 자아 정체성 확인
④ 도덕적 신념 형성

04 가장 상위에 해당하는 가치는?

① 쇼핑하기
② 봉사하기
③ 게임하기
④ 가만히 있기

05 ㉠에 들어갈 내용으로 적절하지 않은 것은?

> ○ 주제: 좋은 습관을 만들기 위한 노력
> ○ 내용: (㉠)

① 도덕적으로 올바른 일인지 성찰한다.
② 일시적 쾌락이 가장 큰 일을 꾸준히 한다.
③ 정신적·신체적으로 건강한 영향을 주는지 확인한다.
④ 다른 사람의 도덕적인 모습을 지속적으로 따라 한다.

06 바람직한 가정의 모습으로 가장 적절한 것은?

① 가족은 모든 일을 항상 함께 한다.
② 가족의 잘못은 무조건 모른 척한다.
③ 가족 간의 갈등은 시간이 해결하게 한다.
④ 각자의 삶을 존중하고 대화를 자주 나눈다.

07 (가)에 들어갈 알맞은 말은?

죽마고우

(가)

금란지교   관포지교

① 우정
② 배려
③ 관용
④ 자애

08 민주가 도덕적인 행동을 하지 못한 이유로 가장 적절한 것은?

민주야, 저기 너랑 친하게 지냈던 친구가 다른 친구들한테 괴롭힘을 당하는 것 같아. 도와주어야 하는 거 아닐까?

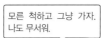

모른 척하고 그냥 가자. 나도 무서워.

① 용기가 없기 때문에
② 공감이 부족하기 때문에
③ 모르는 사람이기 때문에
④ 도덕적 지식이 없기 때문에

09 다음에서 설명하는 것은?

누구나 받아들일 수 있는 보편적이고 일반적인 기준

① 사실 판단
② 도덕 원리
③ 도덕 판단
④ 도덕 추론

10 도덕적 성찰에 대한 설명으로 옳지 않은 것은?

① 실수를 개선하고 줄일 수 있다.
② 인격과 성품이 성숙해질 수 있다.
③ 일상적인 방법에는 일기 쓰기, 명상 등이 있다.
④ 자책감을 심하게 들게 하여 삶의 의미를 잃게 한다.

11 다음에서 공통으로 설명하는 것은?

○ 공자의 인(仁)
○ 불교의 자비(慈悲)
○ 스턴버그의 친밀감, 열정, 헌신으로 이루어지는 것

① 사랑
② 집착
③ 편견
④ 몰입

12 다음은 어느 학생의 서술형 평가 내용이다. ㉠~㉢ 중 적절하지 않은 것은?

○ 문제: 이성 친구와 바람직하게 교제하는 방법에 대해 서술하시오.
○ 학생 답안
  ㉠성별의 차이를 두지 말고 동성 친구와 똑같이 대해야 한다. ㉡동성 친구들과의 관계가 멀어지지 않도록 해야 한다. 그리고 ㉢각자의 일상과 학업을 방해하지 않는 선에서 연락을 나누어야 한다. 또한 ㉣이성 친구가 성적으로 불쾌한 감정이 들지 않도록 책임감 있게 행동해야 한다.

① ㉠
② ㉡
③ ㉢
④ ㉣

13 이웃에 대한 설명으로 옳지 <u>않은</u> 것은?

① 과거에는 계, 두레, 품앗이, 향약으로 상부상조하였다.

② 현대에는 가까이 사는 사람들끼리만 이웃이라고 한다.

③ 가족이 아니어도 서로 가까워서 도움을 주고받는 관계이다.

④ 이웃과 함께 기쁨과 슬픔을 나누면 삶이 풍요로워질 수 있다.

14 봉사의 자세로 바람직하지 <u>않은</u> 것은?

① 누군가의 강요나 부탁이 아닌 자발적 의사로 행동한다.

② 은혜를 베푼다는 마음이 아닌 함께 한다는 마음을 갖는다.

③ 집에 가기 전에 봉사에 대한 대가를 잊지 않고 챙겨야 한다.

④ 일시적으로 끝나는 것이 아닌 꾸준히 계획적으로 실천하도록 한다.

15 ㉠, ㉡에 들어갈 말이 바르게 연결된 것은?

> 사회적 약자는 다른 사회 구성원들보다 불리한 위치에서 살아가는 사람들을 말한다. 사회적 약자는 사람들의 (㉠) 때문에 고통을 받는다. 그들을 위해 (㉡)하는 자세가 필요하다.

	㉠	㉡
①	편견	차별
②	편견	배려
③	공감	배려
④	공감	편견

16 다음 설문 조사에서 양성평등 의식이 가장 높은 학생은?

질문＼학생	A	B	C	D
남녀의 신체적 특성을 고려하지 않는다.	○	×	○	×
남녀로 구별하지 않고 동등한 인간으로 바라본다.	×	×	○	○
남녀는 정해진 역할이 따로 있다.	×	○	○	×

① A
② B
③ C
④ D

17 세계 시민이 추구해야 할 도덕적 가치가 <u>아닌</u> 것은?

① 인류애
② 연고주의
③ 연대 의식
④ 평화 의식

18 다음과 같은 세계 문제를 해결하기 위한 자세로 바람직한 것은?

> • 북극의 빙하가 녹고 있다.
> • 아마존 산림이 파괴되고 있다.
> • 지구의 온도가 높아지고 있다.

① 세계 사람들이 함께 관심을 갖고 힘을 모은다.

② 문제가 발생한 국가에서 원인을 찾고 해결한다.

③ 개인의 소비를 전면 금지하고 국가가 통제한다.

④ 개인의 노력은 문제 해결에 도움을 주지 못하므로 신경 쓰지 않는다.

19 정보 통신 매체를 이용하는 자세가 바람직하지 <u>않은</u> 학생은?

① 갑: 게임이 재미있지만, 정해진 시간만큼만 해.
② 을: 정보 검색을 위해 스마트폰을 손에서 놓지 않아.
③ 병: 다른 사람이 만든 정보는 허락받은 후 사용해야 해.
④ 정: 인터넷에 함부로 다른 사람을 비방하는 글을 남기지 않아.

20 다음 상황의 갈등 원인과 해결 방안을 바르게 연결한 것은?

	갈등 원인	해결 방안
①	세대 갈등	또래 중재
②	가치관 갈등	협상
③	인간관계 갈등	또래 중재
④	이해관계 갈등	협상

21 폭력에 대처하는 방법으로 옳지 <u>않은</u> 것은?

① 가해자에게 폭력을 행사한다.
② 비폭력적인 방법으로 해결한다.
③ 주변 사람들에게 도움을 요청한다.
④ 사소한 폭력이라도 거절 의사를 표현해야 한다.

22 바람직한 시민의 자세에 해당하지 <u>않는</u> 것은?

① 국가의 의무를 잘 이행하며 권리를 보장받는다.
② 공동체의 행복과 안전을 위해 함께 고민하고 노력한다.
③ 개인의 역할에 충실하며 정의 국가 실현에 이바지한다.
④ 다른 나라에 배타적인 태도를 가지고 자기 나라를 사랑한다.

23 공정한 경쟁의 모습이 <u>아닌</u> 것은?

① 좋은 성적을 받기 위해 열심히 공부하는 학생들
② 경기에서 승리하기 위해 열심히 연습하는 선수들
③ 자녀의 취업을 위해 아는 사람을 총동원하는 부모들
④ 소비자가 선호하는 상품을 만들기 위해 고민하는 기업들

24 마음의 평화와 가장 거리가 <u>먼</u> 것은?

① 긍정
② 질투
③ 관용
④ 희망

25 환경친화적 태도에 가장 가까운 것은?

① 생명 경시
② 인간 중심주의
③ 생태 중심주의
④ 도구적 자연관

memo

memo

memo

memo

끝이 좋아야 시작이 빛난다.

– 마리아노 리베라(Mariano Rivera)

2025 중졸 검정고시 기본서 도덕

발 행 일	2024년 7월 26일 초판
편 저 자	나하율
펴 낸 이	양형남
개 발	정상욱, 김민서
펴 낸 곳	(주)에듀윌
등록번호	제25100-2002-000052호
주 소	08378 서울특별시 구로구 디지털로34길 55
	코오롱싸이언스밸리 2차 3층

www.eduwill.net
대표전화 1600-6700

여러분의 작은 소리
에듀윌은 크게 듣겠습니다.

본 교재에 대한 여러분의 목소리를 들려주세요.
공부하시면서 어려웠던 점, 궁금한 점,
칭찬하고 싶은 점, 개선할 점, 어떤 것이라도 좋습니다.

에듀윌은 여러분께서 나누어 주신 의견을
통해 끊임없이 발전하고 있습니다.

에듀윌 도서몰 book.eduwill.net

• 부가학습자료 및 정오표: 에듀윌 도서몰 → 도서자료실
• 교재 문의: 에듀윌 도서몰 → 문의하기 → 교재(내용, 출간) / 주문 및 배송

중졸·고졸 검정고시 답안지

중졸·고졸 검정고시 답안지

문번	답란
1	① ② ③ ④
2	① ② ③ ④
3	① ② ③ ④
4	① ② ③ ④
5	① ② ③ ④
6	① ② ③ ④
7	① ② ③ ④
8	① ② ③ ④
9	① ② ③ ④
10	① ② ③ ④

문번	답란
11	① ② ③ ④
12	① ② ③ ④
13	① ② ③ ④
14	① ② ③ ④
15	① ② ③ ④
16	① ② ③ ④
17	① ② ③ ④
18	① ② ③ ④
19	① ② ③ ④
20	① ② ③ ④

문번	답란
21	① ② ③ ④
22	① ② ③ ④
23	① ② ③ ④
24	① ② ③ ④
25	① ② ③ ④

※ 수학 과목은 20문항임.

응시자 유의사항

1. 답안지는 지정된 필기도구(컴퓨터용 수성사인펜)만을 사용하여 아래 예시와 같이 표기해야 합니다.
   ("예시" ① 정답일 경우 : ● ② ③ ④)
2. 수험번호 (1)란에는 아라비아 숫자를 쓰고, (2)란은 해당 숫자란에 까맣게 표기(●)해야 합니다.
3. 응시회차, 학력구분 및 교시란에는 반드시 응시과목 국어)를 기재해 하고, 과목명란에는 해당 응시과목명("예시" 국어)을 기재해야 합니다.
4. 답안지를 긁거나 구기면 안 되며 수정하거나 두께 이상 표기한 문항은 무효처리됩니다.

학력구분	
중졸	○
고졸	○

교시	표기란	과목명
1	○	
2	○	
3	○	
4	○	
5	○	
6	○	
7	○	

※ 중졸 검정고시는 6과목임.

성명 (한글)						
수험번호						

(1)	⑩ ① ② ③ ④ ⑤ ⑥ ⑦ ⑧ ⑨	⑩ ① ② ③ ④ ⑤ ⑥ ⑦ ⑧ ⑨	⑩ ① ② ③ ④ ⑤ ⑥ ⑦ ⑧ ⑨	⑩ ① ② ③ ④ ⑤ ⑥ ⑦ ⑧ ⑨	⑩ ① ② ③ ④ ⑤ ⑥ ⑦ ⑧ ⑨	⑩ ① ② ③ ④ ⑤ ⑥ ⑦ ⑧ ⑨
(2)						

※ 응시자는 표기하지 마시오.

결시자표기란	○

감독관확인란	

※ 응시회차, 학력, 교시 확인한 후 감독관 날인.

답안란

문번	답란
1	① ② ③ ④
2	① ② ③ ④
3	① ② ③ ④
4	① ② ③ ④
5	① ② ③ ④
6	① ② ③ ④
7	① ② ③ ④
8	① ② ③ ④
9	① ② ③ ④
10	① ② ③ ④

문번	답란
11	① ② ③ ④
12	① ② ③ ④
13	① ② ③ ④
14	① ② ③ ④
15	① ② ③ ④
16	① ② ③ ④
17	① ② ③ ④
18	① ② ③ ④
19	① ② ③ ④
20	① ② ③ ④

문번	답란
21	① ② ③ ④
22	① ② ③ ④
23	① ② ③ ④
24	① ② ③ ④
25	① ② ③ ④

※ 수학 과목은 20문항임.

응시자 유의사항

1. 답안지는 지정된 필기도구(컴퓨터용 수성사인펜)만을 사용하여 아래 예시와 같이 표기해야 합니다.
   ("예시" ① 정답일 경우 : ● ② ③ ④)
2. 수험번호 (1)란에는 아라비아 숫자를 쓰고, (2)란은 해당 숫자란에 까맣게 표기(●)해야 합니다.
3. 응시회차, 학력구분 및 교시란에는 반드시 까맣게 표기(●)해야 하고, 과목명란에는 해당 교시 응시과목명("예시" 국어)을 기재해야 합니다.
4. 답안지를 긁거나 구기면 안 되며 수정하거나 두 개 이상 표기한 문항은 무효처리됩니다.

학력구분	
중졸	○
고졸	○

교시 표기란	과목명
1	○
2	○
3	○
4	○
5	○
6	○
7	○

※ 중졸 검정고시는 6과목임.

성 명 (한 글)	

수 험 번 호

(1)						
(2)	⓪ ① ② ③ ④ ⑤ ⑥ ⑦ ⑧ ⑨	⓪ ① ② ③ ④ ⑤ ⑥ ⑦ ⑧ ⑨	⓪ ① ② ③ ④ ⑤ ⑥ ⑦ ⑧ ⑨	⓪ ① ② ③ ④ ⑤ ⑥ ⑦ ⑧ ⑨	⓪ ① ② ③ ④ ⑤ ⑥ ⑦ ⑧ ⑨	⓪ ① ② ③ ④ ⑤ ⑥ ⑦ ⑧ ⑨

※ 응시자는 표기하지 마시오.

결시자표기란	○

감독관확인란	

※ 응시회차, 학력, 교시 확인한 후 감독관 날인.

중졸·고졸 검정고시 답안지

학력구분

학력구분	
중졸	○
고졸	○

교시 / 표기란 / 과목명

교시	표기란	과목명
1	○	
2	○	
3	○	
4	○	
5	○	
6	○	
7	○	

※ 중졸 검정고시는 6과목임.

성명 (한글) / 수험번호

성 명 (한 글)						

수험번호	(1)	(2)				
○	○	○	○	○	○	○
①	①	①	①	①	①	①
②	②	②	②	②	②	②
③	③	③	③	③	③	③
④	④	④	④	④	④	④
⑤	⑤	⑤	⑤	⑤	⑤	⑤
⑥	⑥	⑥	⑥	⑥	⑥	⑥
⑦	⑦	⑦	⑦	⑦	⑦	⑦
⑧	⑧	⑧	⑧	⑧	⑧	⑧
⑨	⑨	⑨	⑨	⑨	⑨	⑨

※ 응시자는 표기하지 마시오.

결시자표기란	○

감독관확인란	

※ 응시회차, 화변, 교시 확인 후 감독관 날인.

답란

문번	답란
1	① ② ③ ④
2	① ② ③ ④
3	① ② ③ ④
4	① ② ③ ④
5	① ② ③ ④
6	① ② ③ ④
7	① ② ③ ④
8	① ② ③ ④
9	① ② ③ ④
10	① ② ③ ④

문번	답란
11	① ② ③ ④
12	① ② ③ ④
13	① ② ③ ④
14	① ② ③ ④
15	① ② ③ ④
16	① ② ③ ④
17	① ② ③ ④
18	① ② ③ ④
19	① ② ③ ④
20	① ② ③ ④

문번	답란
21	① ② ③ ④
22	① ② ③ ④
23	① ② ③ ④
24	① ② ③ ④
25	① ② ③ ④

※ 수학 과목은 20문항임.

응시자 유의사항

1. 답안지는 지정된 필기도구(컴퓨터용 수성사인펜)만을 사용하여 아래 예시와 같이 표기해야 합니다.
 ("예시" ① 정답일 경우 : ● ② ③ ④)
2. 수험번호 (1)란에는 아라비아 숫자를 쓰고, (2)란은 해당 숫자란에 까맣게 표기(●)해야 합니다.
3. 응시회차, 학력구분 및 교시란에는 반드시 까맣게 표기(●)해야 하고, 과목명란에는 해당 응시과목명("예시" 국어)을 기재해야 합니다.
4. 답안지를 긁거나 구기면 안 되며 수정하거나 두개 이상 표기한 문항은 무효처리됩니다.

이제 국비무료 교육도
에듀윌

수강생을 반겨주는 에듀윌의 환한 복도 (구로)

언제나 전문 학습 매니저와 상담이 가능한 안내데스크 (부평)

고품질 영상 및 음향 장비를 갖춘 최고의 강의실 (구로)

재충전을 위한 카페 분위기의 아늑한 휴게실 (부평)

다용도로 활용이 가능한 휴게실 (성남)

전기/소방/건축/쇼핑몰/회계/컴활 자격증 취득
국민내일배움카드제

에듀윌 국비교육원 대표전화

국비교육원
바로가기

| 서울 구로 | 02)6482-0600 | 구로디지털단지역 2번 출구 | 인천 부평 | 032)262-0600 | 부평역 5번 출구 |
| 경기 성남 | 031)604-0600 | 모란역 5번 출구 | 인천 부평2관 | 032)263-2900 | 부평역 5번 출구 |

2025 최신판

에듀윌
중졸 검정고시
기본서 도덕

정답과 해설

2025 최신판

에듀윌
중졸 검정고시
기본서 도덕

2025 최신판

에듀윌
중졸 검정고시
기본서 도덕

정답과 해설

탄탄 실력 다지기

Ⅰ 자신과의 관계

01 도덕적인 삶
17쪽

| 01 | ④ | 02 | ① | 03 | ① | 04 | ① | 05 | ③ |
| 06 | ④ | 07 | ① | 08 | ① | 09 | ① | 10 | ④ |

01 ④

| **정답해설** | 인간은 혼자서 살아갈 수 없고 다른 사람과 도움을 주고받으며 함께 어울려 살아간다. 이는 인간이 사회적 존재임을 보여 준다.

02 ①

| **정답해설** | 동물처럼 사람도 배가 고프면 음식을 먹고 졸리면 잠을 자는 본능을 지니고 있다. 하지만 동물과 달리 사람은 이성을 통해 옳고 그름을 구분하고 도덕적인 행동을 할 수 있다.

03 ①

| **정답해설** | 도덕은 인간으로서 마땅히 지켜야 하는 행동 양식의 집합으로 옳고 그름을 판단할 수 있는 바람직한 가치나 규범을 의미한다. 양심에 따라 자율적으로 지켜지는 특징을 갖기 때문에 도덕적 행동의 기준은 사람마다 다를 수 있지만, 선한 행동과 올바른 결과를 이루기 위하여 사람들은 도덕적인 삶을 살고자 노력한다.

| **오답해설** |

② 명예는 세상으로부터 훌륭하다고 인정받는 이름, 평판, 자랑 등을 의미한다.

③ 욕망은 부족함을 느껴 그것을 채우려는 마음이다.

④ 제도는 사회에서 지켜야 할 것(법, 도덕, 관습)을 총칭한다.

04 ①

| **정답해설** | 양심은 도덕적인 행동을 하게 하는 마음의 명령이다. 양심은 잘못된 행동을 했을 때 부끄러움을 느끼게 하고 반성을 유발한다.

05 ③

| **정답해설** | 도덕은 사람으로서 마땅히 지켜야 할 도리로, 우리에게 옳고 그름에 대한 판단 기준을 제공한다. 도덕은 법, 예절과 더불어 사회 질서를 유지하기 위한 규범이고 선의 실현을 목적으로 한다.

| **오답해설** |

① 법은 사람들이 꼭 지켜야 할 규칙으로, 국가 권력에 의해 강제되는 사회 규범이다.

② 예절은 사회 집단이 오랫동안 함께 살면서 형성된 습관적인 규범이다.

06 ④

| **정답해설** | 예절은 오랫동안 한 사회 내부에서 습관화되어 전해지는 행동 양식으로, 지키지 않으면 사람들의 비난을 받는다. 따라서 예절은 원만한 인간관계를 유지하기 위해 지켜야 한다.

| **오답해설** |

①, ③ 법을 지켜야 하는 이유이다.

② 도덕에 대한 설명이다.

07 ①

| **정답해설** | 칸트는 어떠한 결과나 보상에 연연하지 않고 양심에 따라 옳은 행동을 하는 것이 바람직하다고 보았다.

08 ①

| **정답해설** | 다른 사람을 불쌍히 여기는 마음은 측은지심이다. 자신의 잘못을 부끄러워하는 마음은 수오지심이다. 맹자는 사람의 본성이 선하다고 주장하면서 선한 본성을 뒷받침하기 위한 네 가지 마음으로 사단, 즉 측은지심, 수오지심, 사양지심, 시비지심을 제시하였다.

09 ①

| **정답해설** | 인간은 도덕적인 삶을 통해 행복 실현, 이익 증진, 도덕적 의무 실천, 자아실현을 이룰 수 있다.

10 ④

| **정답해설** | 자신의 이익과 욕구만 생각하는 이기심은 다른 사람과 주변을 배려하지 못하고 비도덕적인 행동을 하게 한다.

01 ③

| **정답해설** | 아리스토텔레스와 공자는 모두 올바른 행동을 반복적으로 실천하여 습관으로 만들어야 함을 강조하고 있다. 즉, 단 한 번 도덕적인 행동을 했다고 해서 도덕적인 사람이 되는 것은 아니므로 올바른 행동이 습관화될 때까지 꾸준히 도덕적인 행동을 하는 것이 필요하다고 주장하였다.

02 ③

| **정답해설** | 도덕적 행동을 실천하기 위해서는 옳은 행동을 하겠다는 굳은 마음가짐인 도덕적 실천 의지가 필요하다.

03 ③

| **정답해설** | 아이들의 고통을 보고 함께 아파하는 것은 그 상황과 감정을 이해하기 때문이다. 이러한 마음의 작용을 공감이라고 한다.
| **오답해설** |
① 자유는 남에게 구속받거나 얽매이지 않고 자기 마음대로 할 수 있는 상태이다.
② 욕구는 자신이 무엇을 얻거나 무슨 일을 하고자 바라는 것이다.
④ 준법은 법률이나 규칙을 좇아 지키는 것이다.

04 ③

| **정답해설** | 자신의 도덕적 결정과 행동이 타인에게 미치는 영향을 예측하고, 바른 행동을 선택하고자 노력하는 능력을 도덕적 상상력이라고 한다. 이러한 도덕적 상상력의 요소로는 상대방의 입장을 이해하는 능력인 공감 능력, 문제 상황을 예민하게 받아들이는 마음인 도덕적 민감성, 여러 방안과 그 방안이 미치는 영향까지 예상하는 결과 예측 능력이 있다.

05 ①

| **정답해설** | 도덕적 상상력은 도덕적 문제 상황에서 상대방의 처지를 헤아리고 그 사람을 도울 수 있는 여러 행동을 상상하며 결과를 예측하는 능력이다. 따라서 자신의 입장만 생각하는 것은 도덕적 상상력을 기르기 위한 노력으로 볼 수 없다.

06 ④

| **정답해설** | 나비에서 보이는 색깔을 구별하는 것은 사실 판단에 해당한다. 나비의 날갯짓을 우아하게 보는 것은 사람마다 다를 수 있으므로 가치 판단에 해당한다.

07 ①

| **정답해설** | 도덕 추론은 이유나 근거를 제시하면서 올바른 도덕 판단을 내리는 과정을 말한다. 도덕 원리는 도덕 판단에 가장 보편적인 근거가 되어 주는 것이다. 사실 판단은 현재 상태를 있는 그대로 말하는 것으로, 상황에 대하여 참인지 거짓인지를 구별하게 하여 도덕 판단을 내리는 데 중요한 근거가 된다.
① 고정 관념은 이미 마음속에 두고 있는 흔들리지 않는 생각을 말하므로 도덕 추론의 요소와 관계가 없다.

08 ①

| **정답해설** | 도덕 원리는 도덕 판단의 기준이 되는 가장 보편적인 도덕 법칙이다. 남의 물건을 함부로 가져가는 것은 도둑질에 해당하고, 도둑질은 보편적으로 옳지 못한 행동이다.

09 ④

| **정답해설** | 잘못된 행동을 모든 사람이 채택하였을 때 나타날 결과를 생각해 보는 것은 보편화 결과 검사에 해당한다.

10 ①

| **정답해설** | 도덕적 성찰은 자신을 객관적으로 바라보게 하고, 잘못한 행동을 반성하게 한다. 인간은 실수를 반복하는 불완전한 존재이기 때문에 성찰을 통해 실수를 되돌아보면서 잘못을 반복하지 않을 기회를 가질 수 있다. 따라서 성찰은 미래를 더 바람직하게 계획하고 불완전함을 개선해 나갈 수 있게 해 준다.

01	②	02	①	03	②	04	②	05	①
06	①	07	②	08	①	09	①	10	①

01 ②

| 정답해설 | 자아 정체성이란 변화하는 자신의 모습을 이해하고 그 모습이 자신의 모습이라고 인식하면서 자신이 다른 사람과 구별되는 고유한 존재라는 것을 받아들이는 것을 말한다. 따라서 자신에 대하여 통합적으로 이해하고 누구인지를 아는 것은 자아 정체성에 대한 설명이다.

02 ①

| 정답해설 | 도덕적 자아상을 확립하기 위해서는 도덕적으로 본받을 만한 인물을 찾아 그 사람의 삶과 행동을 관찰하고 자신의 삶에 적용하는 것이 도움이 될 수 있다. 도덕적 인물의 모습을 통해 도덕적으로 어떻게 살아야 하는 것인지 구체적인 방향을 설정할 수 있고 자신의 삶을 반성하며 도덕적인 사람으로 성장할 수 있다.

03 ②

| 정답해설 | 자아 정체성은 남과 다른 고유한 자신의 특징을 잘 인식하고 있는 것이다. 자신이 무엇을 좋아하고 잘하는지 궁금해 하는 태도나 자신의 사회적 역할과 의무를 고민하는 것은 자아 정체성을 형성하는 데 도움이 된다.

04 ②

| 정답해설 | 자아 정체성은 다른 사람과 구별되는 고유한 존재로 자신을 파악하는 것이다.

05 ①

| 정답해설 | 도덕적 인물은 도덕적 모범으로 삼을 수 있는 인물을 말한다. 도덕적 인물을 선정하는 기준에는 도덕적 신념 실천, 삶의 방향 제시, 보편적 가치 추구 등이 있다. 유명인 중에서는 좋지 않은 일로 유명세를 얻은 사람도 있으므로 단순히 유명하다는 이유로 도덕적 인물을 선정하는 것은 바람직하지 않다.

06 ①

| 정답해설 | 본받을 만한 인물을 선정할 때에는 인품과 성품이 올바른지, 도덕적으로 배울 점이 많은지, 보편적 가치를 실천하는지 등 도덕적 인물 선정 기준에 부합하는지의 여부를 확인해야 한다.

07 ②

| 정답해설 | 도덕적 인물은 보편적인 가치를 실천하는 사람이어야 한다. 보편적 가치란 평등, 자유, 정의 등 언제 어디서나 누구에게나 옳다고 여겨지는 것을 말한다.

08 ①

| 정답해설 | 울고 있는 아이를 돕는 아주머니를 보고 자신도 다음에는 도움이 필요한 사람을 도와야겠다고 생각하면서 자신의 잘못된 점을 반성하고 있다. 이처럼 도덕적 인물을 통해 자신의 삶에서 부족한 점을 찾아 개선해 나갈 수 있다.

09 ①

| 정답해설 | 잘못된 신념은 보편적 가치에 어긋나거나 비합리적인 신념을 말하므로 도덕적 행동의 기준이 될 수 없다.

10 ①

| 정답해설 | 도덕적 신념은 도덕적으로 옳다고 굳게 믿는 마음을 말한다.
① 도덕적 신념을 지키는 일이 무조건 물질적 손해를 유발하는 것은 아니다.

01	③	02	①	03	①	04	②	05	①
06	③	07	②	08	③	09	③	10	④

01 ③

| 정답해설 | 진선미성은 학문, 도덕, 예술, 종교와 관련된 것으로 정신적 가치에 해당한다.
| 오답해설 | ①, ②, ④ 옷, 차, 주택은 물질적 가치에 해당한다.

02 ①

| 정답해설 | 그 자체로서 목적이 되는 가치는 본래적 가치이다.

03 ①

| 정답해설 | 제시문에서는 집의 본래적 가치보다 도구적 가치를 추구하는 현상을 지적하고 있다. 높은 가치보다 낮은 가치를 추구하는 현상을 가치 전도 현상이라고 한다.

04 ②

| 정답해설 | 다른 사람을 돕고자 하는 마음은 보편적 가치에 해당한다.

05 ①

| 정답해설 | 도구적 가치는 다른 목적을 위해 수단으로 이용되는 것이다. 도구적 가치보다 본래적 가치를 추구하는 것이 바람직하다.

06 ③

| 정답해설 | 자신이 이루고자 하는 일이나 삶의 방향을 삶의 목적이라고 한다. 삶의 목적은 다양하며 바람직한 가치를 실현하는 방향으로 설정해야 한다.

07 ②

| 정답해설 | 삶의 목적을 설정할 때는 목적이 그 자체로 의미 있고 소중히 여길 수 있는 것인지, 자아실현과 사회 공헌이 가능한지의 여부를 고려하여야 한다. 순간적인 쾌락보다는 지속적인 행복을 얻을 수 있는 목적을 세우는 것이 바람직하다.

08 ③

| 정답해설 | 공부는 학문이나 기술을 배우고 익혀 가는 과정을 말한다. 공부하는 삶을 통해 인간은 자아를 실현하고 인격을 완성하며 풍요로운 삶을 살 수 있다. 또한 개인적으로는 직업 생활에 대한 준비를 하고 사회적으로는 사회와 인류의 발전에 공헌할 수 있다.

09 ③

| 정답해설 | 도덕 공부는 사람의 도리를 깨닫고 인격을 완성해 나가는 과정이다. 따라서 올바른 인격을 형성하고 바람직한 삶의 목적을 설정하기 위해 도덕 공부를 해야 한다.

10 ④

| 정답해설 | 진정한 도덕 공부는 사람으로서 마땅히 가져야 하는 옳은 마음과 마땅히 해야 하는 행동을 배우는 것이다.
④ 부자가 되는 지식을 학습하고 기술을 습득하는 것은 도덕 공부에 해당한다고 볼 수 없다.

05 행복한 삶								38쪽	
01	②	02	④	03	③	04	④	05	②
06	①	07	④	08	①	09	④	10	③

01 ②

| 정답해설 | 일상에서 만족감이나 즐거움을 느끼는 상태를 행복이라고 한다. 아리스토텔레스는 우리 삶의 궁극적인 목적을 행복으로 보았다.
| 오답해설 |
① 공감은 다른 사람의 의견, 감정 등을 함께 느끼는 것을 말한다.
③ 윤리는 인간관계의 도리를 말한다.
④ 정의는 개인 간 올바른 도리나 바른 의의를 말한다.

02 ④

| 정답해설 | 감각적인 즐거움만을 추구하는 삶은 순간적인 쾌락을 얻을 수는 있지만 진정한 행복을 얻기는 힘들다. 따라서 진정한 행복을 위해서는 감각적(물질적) 즐거움과 정신적 즐거움을 조화롭게 추구해야 한다.

03 ③

| 정답해설 | 감각적인 즐거움을 계속 추구하다 보면 나중에는 즐거움보다 고통을 느끼게 되는 상황이 발생하는데, 이를 쾌락의 역설이라고 한다.

04 ④

| **정답해설** | 아리스토텔레스는 이상적인 인간상으로 중용의 덕을 실천하는 사람을 꼽았다. 중용은 지나치거나 모자라지 않고 어느 한쪽으로 치우치지도 않는 것이다.

05 ②

| **정답해설** | 좋은 습관은 삶의 목적을 달성하고 인품을 형성하는 데 도움이 되며 다른 사람과 사회에 긍정적인 영향을 줄 수 있다. 좋은 습관을 기르기 위해서는 구체적인 목표를 세우고 실천해야 한다.

06 ①

| **정답해설** | 좋은 습관은 이성에 따라 도덕적 행동을 하는 것이다. 기분에 따라 제멋대로 행동하는 것은 나쁜 습관이다.

07 ④

| **정답해설** | 좋은 습관을 만들기 위해서는 의식하지 않아도 자연스럽게 행동이 될 때까지 바람직한 행동을 지속해야 한다.
| 오답해설 |
ㄱ. 고쳐야 할 행동은 수시로 점검해서 개선하도록 노력해야 한다.
ㄴ. 몸에 익숙한 행동이 모두 바람직한 행동은 아니다.

08 ①

| **정답해설** | 신체적 건강은 몸이 일상생활을 하는 데 지장이 없고 최선의 신체적 능력을 발휘할 수 있는 상태를 말한다. 정서적 건강은 마음을 긍정적이고 편안하게 유지할 수 있고 다른 사람의 감정을 이해할 수 있으며 자신의 감정을 잘 조절할 수 있는 상태를 말한다.

09 ④

| **정답해설** | 위기나 어려운 상황을 극복하려는 마음의 힘을 회복탄력성이라고 한다.

10 ③

| **정답해설** | 사회적 건강은 다른 사람들과 원만한 관계를 유지하고 사회적 역할을 하기에 바람직한 상태를 말한다. 사회적 건강을 위한 노력으로는 원만한 의사소통하기, 다른 사람의 잘못 용서하기, 다른 사람을 존중하고 배려하기 등이 있다.

Ⅱ 타인과의 관계 (1)

01 가정 윤리   45쪽

01	④	02	③	03	①	04	④	05	④
06	①	07	③	08	②	09	①	10	①

01 ④

| **정답해설** | 오늘날 가정은 사회 변동과 인식 변화에 따라 한 부모 가정, 입양 가정, 다문화 가정 등 다양한 형태로 나타나고 있다.

02 ③

| **정답해설** | 다른 국가의 위협으로부터 보호하는 기능을 하는 것은 국가이다.
| 오답해설 |
① 가정에서 다른 사람과 지낼 때 지켜야 할 예절, 옷차림, 대화 방법 등을 배울 수 있다.
② 가족 구성원들과의 상호 작용은 개인의 가치관과 성격 형성에 영향을 준다.
④ 가정은 사회 구성원을 출산하고 양육함으로써 사회가 유지되도록 한다.

03 ①

| **정답해설** | 살아온 환경과 가치관이 다른 사람이 함께 가정을 이룬 관계는 부부이다. 부부 사이에는 집안일을 결정할 때에도 다른 관점으로 판단할 수 있기 때문에 갈등이 발생할 수 있다.

04 ④

| **정답해설** | 애국은 나라를 사랑하는 마음으로 가족 간 지켜야 할 도리와 관련이 없다.
| 오답해설 |
① 우애는 형제자매 사이에서 지켜야 할 도리이다.
② 자애는 부모가 자녀에게 베푸는 사랑이다.
③ 효도는 자녀가 부모에게 보답하는 사랑이다.

05 ④

| **정답해설** | 부부가 서로를 손님 대하듯 한다는 '상경여빈'은 부부간에 어렵고 불편하게 대하자는 것이 아니라, 서로 존중하는 태도를 가져야 한다는 의미이다.

06 ①

| 정답해설 | 자녀가 부모를 섬기는 마음을 효라고 한다.

07 ③

| 정답해설 | 부모가 자식에게 보상을 바라지 않고 베푸는 헌신적인 사랑의 마음을 자애라고 한다.

08 ②

| 정답해설 | 가족 간에 대화를 줄여 나가는 것은 갈등을 발생시키는 원인에 해당한다. 가족 간에는 대화를 통해 서로를 이해할 수 있는 기회를 많이 갖는 것이 중요하다.

09 ①

| 정답해설 | 본인의 생각을 솔직하게 표현하고 다른 가족으로부터 이해를 받았을 때 불편했던 점들이 해소될 수 있다. 솔직한 대화를 자주 나누면 서로를 이해하고 화목한 가정을 만들어 나가는 데 도움이 될 수 있다.

10 ①

| 정답해설 | 바람직한 가정을 이루기 위해서는 가족 구성원이 서로 진솔하게 대화를 나누고 상대방의 마음에 공감할 수 있어야 한다.
| 오답해설 |
② 건전한 소비 생활은 가계의 경제 상황을 개선하고 환경 보존에도 도움이 되지만 그림의 상황과는 관련이 없다.
③ 가정을 유지하기 위해서는 물질도 필요하지만, 물질적 풍요를 추구하는 것이 그림의 상황에서 바람직한 가정을 이루기 위한 노력이라고 보기는 어렵다.
④ 바람직한 가정을 이루기 위해서는 가족 이기주의의 태도를 버리고 가족 이외의 다른 사람들과도 잘 지낼 수 있어야 한다.

02 우정									49쪽
01	③	02	②	03	③	04	③	05	①
06	②	07	①	08	②	09	④	10	①

01 ③

| 정답해설 | 친구란 가족의 범위에 해당하지 않으면서 오랫동안 가깝게 지낸 사람을 의미한다.
| 오답해설 |
① 친구는 즐거움과 슬픔을 나누면서 정서적 안정을 얻을 수 있는 대상이다.
② 효를 실천해야 하는 대상은 부모나 어르신에 해당한다.
④ 친구는 이해관계를 떠나서 순수하게 만나는 사람이다.

02 ②

| 정답해설 | 죽마고우는 대나무로 만든 말을 타고 함께 놀던 어릴 적 친구 사이를 말한다. 관포지교는 관중과 포숙같이 끈끈한 친구 관계를 말한다. 따라서 두 단어에서 공통으로 찾아볼 수 있는 덕목은 친구 사이의 따뜻한 감정인 우정이다.

03 ③

| 정답해설 | 친구란 경제적 이익을 떠나서 순수하게 만나는 사람이다. 친구 사이에서 나누는 정서적 유대감을 우정이라고 한다. 우정은 사회성을 함양할 수 있고 정서적 안정을 느낄 수 있으며 성숙한 인격을 형성할 수 있다는 점에서 중요한 가치를 지닌다.

04 ③

| 정답해설 | 제시문은 친구의 중요성을 강조하고 있다. 따라서 우정과 관련 있다.

05 ①

| 정답해설 | 친구의 잘못을 무조건 감싸 주는 것은 옳지 않다. 친구가 나쁜 일을 했을 때는 바로잡을 수 있도록 충고를 해 주어야 진정한 친구라고 할 수 있다.

06 ②

| 정답해설 | 친구와 오랫동안 함께하다 보면 서로 영향을 주고받으며 비슷해지는 경향이 있다. 따라서 서로에게 좋은 영향을 줄 수 있는 친구를 사귀는 것이 중요하다.

07 ①

| 정답해설 | 친구가 잘되었으면 하는 마음으로 조언을 하는 것은 괜찮지만 비난을 하는 것은 옳지 않다. 비난은 잘못을 기분 나쁘게 말하는 것이다.

08 ②

| **정답해설** | 아무리 친한 친구 사이라도 서로를 존중하고 예의 있게 행동해야 한다. 그렇지 않으면 갈등이 발생할 수 있다.

09 ④

| **정답해설** | 바람직한 친구 관계에서는 배려와 존중을 바탕으로 서로 예의를 지키며 선의의 경쟁과 협력을 한다. 때로는 조언과 충고를 하여 상대방의 발전에 도움을 주기도 한다.

10 ①

| **정답해설** | 스스로 좋은 친구가 되고 있는지 성찰하면서 먼저 좋은 친구가 되어 주는 것이 바람직하다.

| **오답해설** |

② 친구가 어려움에 부딪쳤을 때는 기꺼이 도움을 주어야 한다.

③ 친구와 속마음을 터놓고 이야기할 때 더 돈독한 사이가 될 수 있다.

④ 갈등을 회피하거나 두려워하지 말고 적극적으로 해결하는 것이 바람직하다.

03 성 윤리									54쪽
01	②	02	③	03	①	04	①	05	②
06	③	07	④	08	③	09	④	10	②

01 ②

| **정답해설** | 남자다움, 여성스러움과 같이 사회에서 전통적으로 학습된 성을 사회 문화적 성이라고 한다.

02 ③

| **정답해설** | 성의 가치에는 생식적 가치, 쾌락적 가치, 인격적 가치가 있다. 이 중 동물과 구별되며 성을 통해 서로의 사랑을 확인하고 서로를 인간답게 대우하는 것은 성의 인격적 가치에 해당한다.

03 ①

| **정답해설** | 남녀 간의 사랑으로 성적 이끌림에 의한 사랑을 에로스라고 한다. 친구 간의 사랑으로 친구 간의 신뢰를 바탕으로

한 우정을 필리아라고 한다.

| **오답해설** | 아가페는 부모의 사랑으로 대가를 바라지 않는 무조건적인 사랑이다.

04 ①

| **정답해설** | 로버스 스턴버그는 사랑의 삼각형 이론에서 성숙한 사랑은 친밀감, 열정, 헌신(책임감)이 균형을 이룰 때 이루어진다고 주장하였다.

① 애집은 좋아서 집착하는 것으로 성숙한 사랑의 구성 요소에 해당하지 않는다.

05 ②

| **정답해설** | 사랑은 상대와 각별한 상대가 되어 서로의 성장을 돕는 것이다.

| **오답해설** |

① 성과 사랑은 같은 것이 아니다.

③ 사랑은 쾌락적 가치 외에도 다양한 가치를 지니고 있다.

④ 성의 종류에는 생물학적 성, 사회 문화적 성, 가장 넓은 의미의 성이 있다. 에로스, 필리아, 아가페는 사랑의 종류에 해당한다.

06 ③

| **정답해설** | 사랑은 태어날 때부터 갖게 되는 자연스러운 감정이다.

07 ④

| **정답해설** | 건전하고 재미있는 것들에 관심을 돌려 자신의 성장과 발전에 도움이 되는 시간을 보내는 것이 바람직한 성 윤리를 실천하는 방법이 될 수 있다.

08 ③

| **정답해설** | 이성에게 과도한 집착을 보이면 상대방의 생활을 방해하고 정신적으로 피해를 줄 수 있으며, 자신도 규칙적으로 생활할 수 없다. 따라서 집착은 바람직한 태도가 아니다.

09 ④

| **정답해설** | 이성 교제를 통해 상대방에게 많은 관심을 쏟게 되면 학업과 일상생활을 소홀히 하는 경우가 발생한다. 이는 이성 교제의 부정적인 영향에 해당한다.

10 ②

| 정답해설 | 이성 교제는 성별이 다른 친구와 사귀는 것이므로 나와 다른 성에 대하여 이해할 수 있는 기회를 가질 수 있다. 이때 서로를 이해하고 존중해야 하며, 욕구를 조절하고 책임감 있게 행동해야 한다.

01 ②

| 정답해설 | 이웃은 거리적으로나 정서적으로 자신과 밀접한 관계를 맺는 사람들이다.
② 거리가 멀어도 정서적으로 가까우면 이웃이라고 할 수 있다.

02 ②

| 정답해설 | 두레는 농사일을 마을 사람들이 함께하는 것을 말하고, 향약은 마을에서 지켜야 하는 약속을 말하며 품앗이는 개인 간에 서로 도움을 주고받는 것이다. 이는 모두 이웃 간에 서로 돕는 모습을 보여 주고 있다.
② 상부상조는 서로서로 돕는다는 것을 뜻한다.

03 ③

| 정답해설 | 이웃은 가족 외에 나와 밀접한 관계를 맺는 사람들이다.
③ 동생은 가족이므로 이웃에 해당하지 않는다.

04 ③

| 정답해설 | 전통 사회에서의 이웃은 오랫동안 이동하지 않고 한곳에 사는 경우가 많아 서로에 대해 더 잘 알고 지낼 수 있었다.
③ 자주 이사를 하는 모습은 오늘날과 관련 있다.

05 ②

| 정답해설 | 품앗이와 두레는 전통 사회의 상부상조 정신이다.

06 ④

| 정답해설 | 인간은 사회적 존재이므로 다른 사람과 정을 나누며 어울릴 때 행복하게 살 수 있다. 따라서 이웃의 사생활을 침해하지 않는 범위에서 이웃과 교류하며 지내는 것이 바람직하다.

07 ③

| 정답해설 | 이웃과 관계를 맺을 때에는 사람 간에 당연히 지켜야 할 기본예절을 갖추면서 서로를 대하는 것이 바람직하다.

08 ③

| 정답해설 | 자신의 시간과 능력을 이용하여 이웃을 돕는 활동을 봉사라고 한다.
| 오답해설 |
① 노동은 몸을 움직여서 일하는 것이다.
② 근로는 일정한 시간 동안 일하는 것이다.
④ 복지는 행복하게 사는 사회 환경이다.

09 ③

| 정답해설 | 진정한 봉사는 한 번에 그치는 것이 아니라 지속해서 실천해야 한다.

10 ③

| 정답해설 | 타인을 위한 봉사는 자발적이고 지속적이어야 한다. 대가를 바라지 않는 순수한 마음이 있어야 하고 봉사를 받는 상대방의 마음이 다치지 않도록 유의하여야 한다.

Ⅲ 사회·공동체와의 관계 (1)

01 ①

| 정답해설 | 인간은 누구나 인간이라는 이유만으로 마땅히 존중받아야 한다. 인권은 인간의 존엄성을 실현하기 위해 보장받아야 하는 권리로, 국가는 인권을 보장할 의무가 있다.

02 ③

| **정답해설** | 인간 존엄성은 어떤 상황이나 조건에서도 변하지 않으며 인간이라는 이유만으로 갖는 절대적 가치이다. 인간은 절대 수단으로 여겨져서는 안 된다.

03 ②

| **정답해설** | 인권은 누구나 하늘로부터 부여받아 태어나면서부터 지니는 천부적 권리이다.

04 ④

| **정답해설** | 단군의 홍익인간 정신과 동학의 인내천 사상은 인간 존엄성과 관련된 사상이다.

05 ④

| **정답해설** | 개인이 인권에 관심을 두고 문제를 적극적으로 해결하려고 할 때 법과 제도가 개선될 수 있다. 따라서 인권 보장을 위해서는 국가뿐만 아니라 개인의 노력도 중요하다.

06 ②

| **정답해설** | 사회적 약자에 대한 편견과 선입견을 버리고 그들의 고통을 이해하고 공감하는 것이 바람직한 배려의 자세이다.

07 ④

| **정답해설** | 사회에서 수가 적으며 다른 사람들과 구별되는 차이로 인해 사회적 차별을 받는 사람들을 사회적 약자라고 한다. 이들은 편견과 차별로 인해 개인의 능력을 발휘하지 못하고 경제적·사회적 어려움을 겪는다.

08 ③

| **정답해설** | 모두 사회적 약자를 보호하기 위한 제도이다.

09 ④

| **정답해설** | 사회에서 남성과 여성에게 기대하는 고정된 사회적 행동과 역할을 성 역할 고정 관념이라고 한다. 이는 성별에 따라 부당하게 차별하는 성차별로 이어질 수 있다.
| **오답해설** | ② 허례허식은 실속 없이 겉만 거창한 것을 의미한다.

10 ③

| **정답해설** | 양성평등을 실현하기 위해서는 여성과 남성의 서로 다름을 이해하고 존중하는 태도를 지녀야 한다. 또한 편견을 극복하고 차별적 요소를 제거하며 능력에 따라 동등하게 대우해야 한다.

02 문화 다양성									70쪽
01	②	02	③	03	①	04	①	05	③
06	②	07	④	08	④	09	③	10	②

01 ②

| **정답해설** | 문화는 각자의 생활 환경에 대한 적응 과정을 거쳐 형성된 생활 양식이다. 따라서 한 사회의 문화를 바라볼 때는 그 사회의 사회적·역사적 맥락에서 그들의 문화를 이해하고 존중해야 한다.

02 ③

| **정답해설** | 한 사회 안에서 다양한 문화가 공존할 경우 문화적 차이에서 오는 편견과 차별 등으로 인하여 갈등이 발생한다. 따라서 문화가 다양한 것이 꼭 장점만 있는 것은 아니다.

03 ①

| **정답해설** | 너그럽게 용서하고 받아들이는 태도를 관용이라고 한다. 다문화 사회에서는 다른 것을 있는 그대로 인정하고 받아들이려는 마음가짐이 필요하다.

04 ①

| **정답해설** | 순장은 과거 높은 신분의 사람이 죽었을 때 다른 사람들도 함께 묻는 풍습이다. 전족은 과거 아름다움의 기준에 따라 일부러 발을 작게 만드는 것이다. 명예 살인은 이슬람 문화에서 가족의 명예를 훼손한 사람을 살해하는 관습이다. 이는 모두 인간 존엄성을 훼손하는 관습으로 보편적 가치에 부합하지 않기 때문에 비판 없이 받아들여서는 안 된다.

05 ③

| **정답해설** | 문화 상대주의는 모든 문화는 나름의 고유한 의미와

가치를 가진다고 보고 문화의 다양성을 인정하는 태도이다. 따라서 자신의 문화에 자긍심을 갖고 다른 문화를 이해하려는 태도를 지닌다.

| 오답해설 |

① 도덕 상대주의는 행위의 옳고 그름의 기준은 개인과 사회마다 다르므로 보편적인 도덕 기준은 없다고 보는 관점이다.

② 문화 사대주의는 자기 문화를 낮게 평가하고 다른 사회의 문화만을 우수하다고 믿는 태도이다.

④ 자문화 중심주의는 자기 문화의 우수성만을 내세우고 다른 문화를 무시하는 태도이다.

06 ②

| 정답해설 | 다른 나라의 문화를 우수한 것으로 믿고 자신의 문화를 낮게 평가하는 태도는 문화 사대주의에 해당한다.

07 ④

| 정답해설 | 문화를 받아들일 때 보편적 가치(인간 존엄성, 자유, 평등 등)에서 벗어나는 문화에 대해서는 비판적 시각을 가져야 한다.

08 ④

| 정답해설 | 다양한 문화를 대할 때 다른 문화를 이해하려는 열린 마음을 가져야 한다.

| 오답해설 |

① 낯선 문화와 교류하지 않으면 문화의 발전을 이루기 어렵다.

② 다른 문화에 대하여 제대로 알지 못하면 문화가 다른 사람들 사이에 갈등이 벌어질 수 있다.

③ 다른 문화를 무시하거나 차별하는 자문화 중심주의는 국수주의로 발전하여 국제적 고립을 초래하거나 문화 간 교류를 방해하여 문화의 발전을 저해한다.

09 ③

| 정답해설 | 편견은 공정하지 못하고 한쪽으로 치우친 생각이다. 다른 문화를 접했을 때 한쪽으로 치우친 생각을 하고 바라보면 서로의 문화를 이해하는 데 방해가 된다.

10 ②

| 정답해설 | 국가 차원에서는 이주민의 국내 정착을 돕기 위한 정책이나 인권 보호를 위한 법적 장치 등을 마련하여야 한다.

01 ①

| 정답해설 | 세계 여러 나라가 활발히 교류하고 서로 미치는 영향이 커지는 현상을 세계화라고 한다.

02 ②

| 정답해설 | 세계 여러 나라가 서로 영향을 미치기 때문에 각국의 고유성을 유지하는 것이 어려워진다.

03 ④

| 정답해설 | 세계화 시대에는 인류애, 평화 의식, 연대 의식을 바탕으로 자기 국가의 문제뿐만 아니라 지구촌 문제에도 관심을 가지고 이를 해결하기 위해 노력하는 것이 바람직하다.

04 ③

| 정답해설 | 세계화 시대에는 한국인으로서의 정체성을 유지하고 세계 시민으로서 인류의 보편적 가치를 추구함으로써 조화를 이룰 수 있도록 노력해야 한다.

05 ④

| 정답해설 | 지구 공동체의 위상을 강화하고 국제 평화를 이루기 위해서는 외국에서 발생한 재난에 대해 국제적인 구조 활동을 펼쳐야 한다.

06 ②

| 정답해설 | 제시된 기후 변화, 지구 온난화, 전염병 증가, 각종 기상 이변은 자연환경의 파괴로 인해 발생하는 문제이다.

07 ④

| 정답해설 | 종교 교리에 대한 해석의 차이, 다른 종교에 대한 편견과 오해 등을 이유로 종교 내부의 종파 간 갈등, 서로 다른 종교 간의 갈등이 발생할 수 있다.

08 ①

| 정답해설 | 경제적 이익을 얻기 위해 지구 공동체 문제에 대한 관심을 갖는 것은 바람직하지 않다.

| 오답해설 |

② 지구 공동체의 문제는 여러 나라가 힘을 합쳐야 해결할 수 있는 문제가 많다.

③ 지구 공동체의 문제는 나와 직간접적으로 연결되어 있다.

④ 어려운 처지의 사람을 돕는 것은 인간으로서 당연한 도리이므로 지구 공동체 구성원의 어려움에 관심을 가져야 한다.

09 ④

| 정답해설 | 자동차에서 발생하는 매연은 대기 오염을 유발하므로 지구 환경을 위한 노력에 해당하지 않는다.

10 ③

| 정답해설 | 개별 국가가 미처 신경 쓰지 못했던 문제들은 비정부 기구를 통해 해결할 수 있다. 따라서 비정부 기구의 활동을 지지하고 지원해야 한다.

| 오답해설 |

①, ④ 인류의 평화와 지구 온난화 문제의 해결은 단일 국가의 노력만으로는 해결되지 않기 때문에 전 지구적 차원에서 여러 나라가 협력하여 해결해야 한다.

② 어려운 사람과 국가를 도와주는 것은 인간의 도덕적 의무이므로 빈곤 국가에 관심을 가지고 돕는 것이 바람직하다.

Ⅳ 타인과의 관계 (2)

01 정보 통신 윤리   83쪽

| 01 | ④ | 02 | ① | 03 | ① | 04 | ① | 05 | ① |
| 06 | ④ | 07 | ② | 08 | ③ | 09 | ③ | 10 | ④ |

01 ④

| 정답해설 | 정보화 시대는 정보가 사회 구조와 인간의 가치관에 영향을 주며 새로운 정보를 만들어 내고 쉽게 공유할 수 있다.

또한 정보를 다루는 새로운 직업과 작업 환경의 필요성이 대두되면서 다양한 직업들이 생겨나고 있다.

02 ①

| 정답해설 | 사이버 공간의 여러 가지 특성 중 인터넷상에서 행위자가 누구인지 잘 드러나지 않는 것을 익명성이라고 한다. 사이버 공간에서는 다른 사람과 직접 마주 보지 않기 때문에 자기 이름이나 정체를 숨길 수 있는데 이러한 특성은 자칫 타인을 공격하거나 범죄를 저지르는 데 악용될 수도 있다.

03 ①

| 정답해설 | 타인에 대한 허위 정보를 유포하거나 모욕감을 주는 댓글을 남기는 행위는 피해자에게 정신적 고통을 주는 사이버 폭력에 해당한다.

04 ①

| 정답해설 | 정보 리터러시는 정보를 주체적으로 활용하고 생산할 수 있는 능력을 말한다. 따라서 정보 리터러시 역량의 향상은 인터넷 중독의 문제점에 해당하지 않는다.

05 ①

| 정답해설 | 인터넷에 쉽게 접근하지 못하여 소외 당하는 사람들이 생기고 정보 통신 기술을 다루는 능력에 따라 사회적·경제적 차이가 심화되는 현상을 정보 격차라고 한다.

06 ④

| 정답해설 | 사이버 공간에서도 현실에서 지켜야 할 덕목들이 똑같이 지켜져야 한다.

④ 해악은 남에게 피해를 주는 것으로 금지되어야 한다.

07 ②

| 정답해설 | 사이버 공간도 사회의 일부분이기 때문에 자신의 행동에 대해 책임을 져야 한다. 따라서 현실 공간에서와 마찬가지로 신중하게 판단하고 행동해야 한다.

08 ③

| 정답해설 | 사이버 공간에서도 현실에서 지켜야 하는 예절과 법을 준수해야 한다. 사이버 공간에서는 서로에 대한 정보를 숨긴 채 활동하는 익명성과 직접 마주하지 않아도 의사소통할 수 있는 비대면성으로 인해 잘못된 언어를 사용하기 쉽다. 따라서 자신과 타인 모두를 위해 바른 언어를 사용해야 한다.

09 ③

| 정답해설 | 인터넷에 올라온 정보는 정확하지 않거나 거짓된 것들도 많이 포함되어 있기 때문에 무조건 믿는 태도는 옳지 않다.
| 오답해설 | ② 정보 리터러시는 정보를 바람직하게 잘 활용하는 능력을 말한다.

10 ④

| 정답해설 | 사이버 폭력을 당하고 있다면 주변에 도움을 요청하고, 관련 기관에 피해 사실을 신고하는 것이 바람직하다.

02 평화적 갈등 해결
87쪽

| 01 | ② | 02 | ④ | 03 | ③ | 04 | ② | 05 | ③ |
| 06 | ④ | 07 | ④ | 08 | ④ | 09 | ② | 10 | ③ |

01 ②

| 정답해설 | 갈등은 서로 의견이 다를 때 발생하고, 누구나 경험하는 자연스러운 현상이다.
| 오답해설 |
ㄱ. 내적 갈등도 존재한다.
ㄹ. 갈등은 사회 변화와 발전, 개인이나 집단의 성장과 같은 긍정적인 효과를 내기도 한다.

02 ④

| 정답해설 | 대화에서는 한정된 주차 공간을 둘러싸고 갈등을 겪고 있다. 이처럼 자원은 한정적인데 갖고자 하는 사람들이 많기 때문에 발생하는 갈등을 이해관계 갈등이라고 한다.

03 ③

| 정답해설 | 서로 나서서 도우려는 태도는 상대방을 위하는 것이므로 갈등의 원인이라고 할 수 없다.

04 ②

| 정답해설 | 글쓴이는 부모님과 그림과 관련된 직업에 대한 인식의 차이로 갈등을 겪고 있다. 이는 가치관 갈등에 해당한다.

05 ③

| 정답해설 | 대화와 양보를 통해 서로 만족하는 결론에 도달하기 위하여 노력하는 유형은 협력형이다.
| 오답해설 | ① 타협형은 서로 적당히 손해를 보며 합의하는 것을 말한다.

06 ④

| 정답해설 | 고정 관념은 사람들의 행동을 결정하는 잘 변하지 않는 굳은 생각이고, 편견은 공정하지 못하고 한쪽으로 치우친 생각이다. 고정 관념과 편견은 갈등을 유발한다.

07 ④

| 정답해설 | 편견과 고정 관념은 갈등을 유발하는 주요 원인이다. 갈등이 발생했을 경우 대화와 경청을 통해 공감을 이루고 양보와 타협을 통해 서로의 입장 차이를 조정하여야 한다.

08 ④

| 정답해설 | 상대방을 존중하며 배려하는 자세를 갖고 대화를 나눌 때 갈등을 평화적으로 해결할 수 있다. 따라서 상대방의 생각이 무엇인지 이해하고자 하는 태도가 바람직하다.

09 ②

| 정답해설 | 제삼자가 개입하여 갈등을 해결하려고 돕는 방법을 조정이라고 하고, 당사자들이 직접 합의를 통해 갈등을 해결하려는 방법을 협상이라고 한다.

10 ③

| 정답해설 | 상대방의 입장에서 상황을 이해하려는 태도를 역지사지라고 한다. 역지사지는 갈등을 평화롭게 해결하는 데 필요한 자세이다.

01 ②

| 정답해설 | 폭력의 원인은 개인적 원인과 사회적 원인으로 나눌 수 있다. 순간적인 감정을 조절하지 못하여 폭력을 사용하는 것은 개인적 원인에 해당한다.
| 오답해설 | ①, ③, ④ 폭력의 사회적 원인에 해당한다.

02 ②

| 정답해설 | 공자와 마틴 루서 킹은 폭력은 자신을 망치고 사회를 파괴한다고 주장하고 있다. 이를 통해 폭력은 개인적·사회적으로 나쁜 영향을 미치며 옳지 않은 행위라는 것을 알 수 있다.

03 ④

| 정답해설 | 심리적 폭력과 물리적 폭력의 강도를 비교하는 것은 어려운 일이며, 심리적 폭력과 물리적 폭력 모두 피해자에게 큰 고통을 준다.

04 ②

| 정답해설 | 제시문은 어릴 적 괴롭힘을 당했던 피해자가 자신을 괴롭혔던 가해자들에게 폭력으로 복수하려는 것을 보여 주고 있다. 이처럼 폭력의 피해자는 복수심과 분노 등을 이유로 자신에게 폭력을 사용한 가해자에게 폭력을 일으킬 수 있다. 이를 폭력의 악순환이라고 한다.

05 ①

| 정답해설 | 소극적 평화는 폭력이나 전쟁이 없는 상태를 말하고, 적극적 평화는 최소한의 의식주 해결은 물론 인간다운 삶을 살 수 있는 복지 사회를 이루는 것을 의미한다.

06 ④

| 정답해설 | 직접적 폭력은 신체나 도구를 사용하여 다른 사람을 폭행하는 것을 말하고, 간접적 폭력은 주위 환경이나 구조로 인해 발생하는 것을 말한다.

07 ①

| 정답해설 | 폭력으로 인해 신체적·정신적 아픔을 경험하게 되므로 폭력은 평화로운 삶을 위협한다.
| 오답해설 |
② 다른 사람에게 불쾌감이나 모욕감을 주는 것과 같은 정서적 학대도 폭력에 해당한다.
④ 모욕적인 말을 하는 것은 언어폭력에 해당한다.

08 ①

| 정답해설 | 평화 감수성은 폭력을 예민하게 느끼고 거부하며, 폭력으로 인해 발생하는 타인의 고통에 반응하는 마음을 말한다. 평화 감수성의 요소로는 폭력에 대한 민감성과 다른 사람의 감정을 느끼고 이해하는 공감 능력이 있다.

09 ③

| 정답해설 | 다른 사람에 대한 이해, 공감, 존중, 배려 등의 자세는 폭력을 예방하는 데 도움이 된다.

10 ③

| 정답해설 | 폭력은 물리적 압박으로 신체적·정신적 손상을 일으키는 행위를 말한다. 따라서 폭력이 일어났을 때에는 피해가 최소화될 수 있도록 빠르게 대처해야 한다. 혼자서 해결하기 어려울 때는 주변에 도움을 요청하는 것이 바람직하다.
| 오답해설 |
① 가해자를 도우면 또 다른 폭력을 야기하거나 더 큰 폭력으로 이어질 수 있다.
② 폭력 행위를 방관하는 것은 잘못된 일을 바로잡지 않는 것에 해당하므로 정의롭지 않다.
④ 문제가 있는 사람은 피해자가 아니라 폭력을 사용한 가해자이다.

V 사회 · 공동체와의 관계 (2)

01 도덕적 시민

01	④	02	③	03	④	04	②	05	②
06	②	07	①	08	④	09	①	10	②

01   ④

| 정답해설 | 아리스토텔레스는 인간은 사회적 동물이며 인간의 본성에 따라 자연적으로 국가가 만들어졌다고 보았다.
| 오답해설 | ①, ②, ③ 홉스, 로크, 루소는 국가가 계약으로 인해 발생하였다고 보았다.

02   ③

| 정답해설 | 국가의 의사를 최종적으로 결정하는 권력을 주권이라고 한다. 주권은 대내적으로는 절대적인 힘을 가지고, 대외적으로는 자주적인 독립성을 갖는다. 국가의 통치권이 미치는 구역은 영토라고 한다. 영토는 흔히 토지로 이루어진 국가의 영역을 의미하지만 영해와 영공을 포함하는 경우도 있다.

03   ④

| 정답해설 | 소극적 국가관은 국민의 자유를 최대한 존중하므로 자유로운 경쟁 때문에 발생하는 불평등한 결과에 대해 국가가 책임지지 않는다. 따라서 국민의 기본적인 삶의 질을 보장하고 빈부 격차를 조정하는 데 한계가 있다.

04   ②

| 정답해설 | 국가는 국민의 생명을 보호하고 국민의 삶의 질을 향상하기 위해 노력하는 것이 바람직하다.
| 오답해설 | ㄴ. 집단 간의 갈등을 조성하고, ㄹ. 특권층의 이익을 극대화하는 것은 바람직한 국가의 역할이 아니다.

05   ②

| 정답해설 | 개인의 이익만을 추구하면 공익이 훼손되고 그 피해는 다시 개인에게 돌아오게 된다. 따라서 사익과 공익을 조화롭게 추구하는 것이 바람직하다.

06   ②

| 정답해설 | 국가가 비도덕적인 일을 하는 것을 방관하거나 다른

국가에 대해 배타적인 태도를 지니는 것과 같이 맹목적이고 배타적인 애국심은 잘못된 애국심에 해당한다. 이는 다른 나라와의 갈등을 유발하거나 전쟁의 상황으로 이끌 수 있다.

07   ①

| 정답해설 | 국가에 의해 강제되며 지키지 않을 때 처벌을 받게 되는 사회적 규범은 법이다.
| 오답해설 |
② 예절은 습관적인 규범으로 강제성이 없고 지키지 않아도 처벌받지 않는다.
④ 교칙은 학생이 지켜야 할 학교의 규칙이다.

08   ④

| 정답해설 | 법을 지키는 것이 꼭 경제적 이익과 연결되는 것은 아니다.
| 오답해설 |
① 어떤 국가의 국민으로 산다는 것은 그 자체로 국가의 법을 지키겠다고 동의한 것이다. 따라서 법을 지키는 것은 자신의 동의에 근거를 둔 의무에 해당한다.
② 법은 국가에 의해서 강제되며 지키지 않으면 처벌받는다.
③ 법은 정의롭고 안전한 사회를 만드는 데 필요한 규범으로 개인의 권리를 보호하고 사회 질서를 유지하는 역할을 수행한다.

09   ①

| 정답해설 | 준법이란 법 규범을 함께 지키자는 사회적 약속이다. 시민은 공동체 구성원으로서 공동선을 실현하기 위해 법을 준수하여야 하며, 사회 구성원은 준법을 통해 안전을 보장받을 수 있다.
| 오답해설 |
② 욕망은 특정한 대상에 대하여 부족함을 느껴 가지거나 누리려고 하는 마음이다.
③ 명상은 마음의 고통에서 벗어나 순수한 마음으로 돌아가기 위한 실천이다.
④ 편견은 공정하지 못하고 한쪽으로 치우친 생각이다.

10   ②

| 정답해설 | 시민 불복종은 부당한 법과 제도를 개선하기 위해 공개적이고 평화로운 방법으로 법을 위반하는 행위이다. 시민 불복종의 조건에는 공익성, 비폭력성, 최후의 수단, 처벌 감수가 있다.

01	②	02	①	03	③	04	④	05	①
06	②	07	③	08	②	09	②	10	③

01 ②

| 정답해설 | 정의는 사회를 구성하고 유지하는 공정한 도리이다. 사회 정의는 주로 사회 구성원에게 각자의 몫을 공정하게 나누어 주는 분배의 문제와 관련되어 있다. 사회 정의가 잘 유지되었을 때 사회 질서가 안정되고 도덕적인 공동체가 형성될 수 있다.

02 ①

| 정답해설 | 공정한 사회 제도는 사회 정의를 실현하고, 모든 구성원이 인간다운 삶을 살 수 있게 만든다.
| 오답해설 |
ㄷ. 공정한 사회 제도를 통해 국민의 기본권을 보장할 수 있다.
ㄹ. 공정한 사회 제도를 통해 돈을 가장 소중한 것으로 여기고 지나치게 돈에 집착하는 물질 만능주의를 극복할 수 있다.

03 ③

| 정답해설 | 분배적 정의란 사회에서 발생된 한정된 자원과 이익을 정당하게 나누는 기준을 의미한다. 분배의 기준으로는 절대적 평등, 노력, 업적, 능력, 필요 등이 있다.
③ 인맥을 기준으로 분배하는 것은 정의로운 방법이라고 할 수 없다.

04 ④

| 정답해설 | 정의로운 사회는 사회 구성원들이 모두 합의한 기준에 따라 공정하게 자신의 몫을 분배받을 수 있는 사회이다.
④ 사회적 지위가 높은 사람에게 예외적인 기준을 마련하여 더 많은 몫을 주는 것은 정의로운 사회라고 할 수 없다.

05 ①

| 정답해설 | 자원은 한정되어 있고 원하는 사람은 많으므로 합의된 기준에 따라 더 노력하는 사람이나 더 원하는 사람에게 자원을 효율적으로 분배하기 위해서는 공정한 경쟁이 필요하다.

06 ②

| 정답해설 | 불공정한 경쟁은 사람들이 노력해도 정당한 몫을 얻을 수 없기 때문에 노력하려는 마음을 포기하게 만든다.

07 ③

| 정답해설 | 공정한 경쟁이 이루어지려면 모두에게 기회가 공평하게 주어져야 한다. 경쟁에서 다른 사람들보다 불리한 처지에 놓여 있는 사람은 배려를 통해 다른 참여자들과의 조건을 실질적으로 동등하게 맞춰 주어야 한다.
| 오답해설 |
① 공정한 경쟁을 위해서는 정해진 절차를 준수해야 한다.
② 공정한 경쟁을 위해서는 각자의 노력과 능력에 따른 결과의 차이를 받아들여야 한다.
④ 공정한 경쟁을 위해서는 약자를 배려해야 한다.

08 ②

| 정답해설 | 자신의 지위와 권력 등을 이용하여 부당하게 이익을 취하려는 행위를 부패라고 한다.
| 오답해설 |
① 부정은 바르지 못함을 뜻한다.
③ 비리는 올바른 이치나 도리에서 어그러짐을 뜻한다.
④ 기밀은 외부에 드러내서는 안 될 중요한 비밀을 뜻한다.

09 ②

| 정답해설 | 공정한 경쟁을 부추기는 사회 분위기는 반부패 문화 확립을 위한 노력이므로 부패가 일어나는 이유에 해당하지 않는다.

10 ③

| 정답해설 | 성품과 행실이 맑고 탐욕이 없는 것을 청렴이라고 한다. 사회에서 일어날 수 있는 부정부패를 예방하기 위해 모든 사람들에게 요구되는 태도이며, 특히 공직자에게 강조되는 덕목이다.

01	①	02	①	03	②	04	③	05	③
06	③	07	④	08	①	09	④	10	④

01 ①

| **정답해설** | 북한은 개인보다 사회를 더 중요하게 여기는 집단주의 사회이다.

| **오답해설** |

② 북한은 통치자 1인에게 모든 권력이 집중되어 있는 독재 체제이다.

③ 북한은 국가가 생산 수단을 소유하고 개인의 경제 활동을 제한한다.

④ 북한은 사회 전체를 하나의 커다란 가정으로 보는 사회주의 대가정 체제이다.

02 ①

| **정답해설** | 남한과 북한은 공동 성명 발표, 유엔 동시 가입, 정상 회담 추진, 올림픽 동시 출전 등 지속적인 교류를 해 왔다.

| **오답해설** |

② 북한은 정치적·군사적으로 대치하고 있는 상황이므로 경계의 대상이다.

③ 북한은 통일을 함께 이루어야 할 협력의 대상이기도 하다.

03 ②

| **정답해설** | 북한은 경계의 대상임과 동시에 교류와 협력의 대상이다. 휴전선을 사이에 두고 군사적으로 대치하고 있는 상태이지만 같은 민족으로서 동질성을 회복하고, 통일을 위해 함께 노력해 나가야 한다. 따라서 경계의 대상으로만 보는 것은 바람직하지 않다.

04 ③

| **정답해설** | 북한은 중앙 집권적 계획 경제 체제로 국가가 생산 수단을 소유하고 모든 경제생활을 주도한다.

③ 개인의 재산 소유가 통제되므로 시장 경제에 자유롭게 참여한다고 볼 수 없다.

05 ③

| **정답해설** | 남북한의 평화 교류 목적은 서로에 대한 신뢰를 형성하고 같은 민족으로서 동질감을 회복하는 데 있다.

06 ③

| **정답해설** | 북한 주민을 북한 정권과 동일하게 여겨서는 안 된다. 북한 주민은 우리와 통일을 함께 이루어야 하는 협력의 대상이다. 따라서 그들의 어려운 처지에 관심을 가져야 하고, 열악한 인권 상황이 개선될 수 있도록 함께 노력해야 한다.

07 ④

| **정답해설** | 북한을 벗어난 후 외국 국적을 취득하지 않은 사람을 북한 이탈 주민이라고 한다.

| **오답해설** |

① 재외 국민은 외국에 나가서 살고 있지만 한국 국적을 유지하고 있는 국민이다.

② 재외 동포는 국외에 거주하는 동포로 한국 국적을 가지고 있는 사람과 그렇지 않은 사람 모두를 포함한다.

08 ①

| **정답해설** | 북한 이탈 주민은 심리적, 경제적, 사회·문화적 어려움을 겪으므로 남한 사람들의 배려와 관심이 필요하다. 따라서 배려와 관심은 북한 이탈 주민이 겪는 어려움에 해당하지 않는다.

| **오답해설** |

②, ③, ④ 북한 주민들은 남한 주민들의 냉대와 차별로 고통을 겪고 북한에 남아 있는 가족에 대한 그리움과 죄책감으로 심리적 어려움을 겪는다. 또한 남북한 언어와 체제의 이질화로 인해 적응에 어려움을 겪는다.

09 ④

| **정답해설** | 북한 이탈 주민에 대한 감시는 그들의 사생활을 침해하는 것으로 옳지 않다.

10 ④

| **정답해설** | 북한 이탈 주민은 남북한을 모두 경험하여, 통일 과정에서 남북 관계를 연결하는 사다리 역할을 할 것으로 기대된다.

| 01 | ④ | 02 | ① | 03 | ④ | 04 | ② | 05 | ③ |
| 06 | ② | 07 | ② | 08 | ④ | 09 | ③ | 10 | ④ |

01 ④

| 정답해설 | 이산가족은 남북 분단으로 인해 이리저리 흩어져서 서로의 소식도 모르고 사는 가족이다. 원하지 않는 가족의 이별과 만나지 못하는 슬픈 상황은 이산가족에게 고통을 준다.
| 오답해설 | ①, ②, ③ 남북은 분단으로 인해 전쟁의 위협이 남아 있으며, 이념적 갈등으로 인한 대립이 크고, 민족의 이질화가 심각해지고 있다.

02 ①

| 정답해설 | 통일은 한반도 내에 평화를 정착하고, 민족의 동질성을 회복할 수 있으며, 인간 존엄성을 실현하고 한반도의 번영을 가져온다.

03 ④

| 정답해설 | 이산가족의 그리움, 말과 생활 양식의 이질화, 전쟁에 대비하기 위한 국방비 지출은 분단으로 겪고 있는 고통에 해당한다.
| 오답해설 | ㄱ. 정전은 전쟁이 일시적으로 정지된 상태로, 전쟁의 종결과 다르다.

04 ②

| 정답해설 | 통일을 하게 되면 남한의 자본과 기술, 북한의 자원이 결합해 새로운 성장 동력을 확보하고 한반도의 경제적 번영을 가져올 것이다.

05 ③

| 정답해설 | 통일 한국의 모습은 세계 속에서 개방적으로 소통하는 올바른 민족주의를 표방하는 국가이다.

06 ②

| 정답해설 | 통일이 되면 군사적 대립이 해소되므로 국방비는 감소할 것이다.

07 ②

| 정답해설 | 통일 비용은 통일을 위해 소요되는 비용으로 통일 과정에서 교류에 사용된 비용도 포함한다.

08 ④

| 정답해설 | 통일은 개인의 삶에 큰 영향을 미치므로 평소 통일에 관심을 가지고 있어야 한다.

09 ③

| 정답해설 | 통일의 과정은 국민에게 공개되어야 하고, 국민의 합의를 통해 진행되어야 한다.

10 ④

| 정답해설 | 분단 상황은 남북한의 세계 평화 지수에 좋지 않은 평가 요인이 된다. 통일이 되면 긍정적인 평가를 받을 수 있을 것이다.

Ⅵ 자연·초월과의 관계

| 01 | ② | 02 | ④ | 03 | ③ | 04 | ② | 05 | ① |
| 06 | ① | 07 | ④ | 08 | ① | 09 | ② | 10 | ① |

01 ②

| 정답해설 | 인간 중심적 자연관은 인간을 자연보다 우월하다고 보고, 자연을 도구적 가치로 여긴다.
② 자연을 본래적 가치로 여기는 자연관은 생태 중심적 자연관이다.

02 ④

| 정답해설 | 자연을 그 자체로 존중하고, 인간과 동식물, 무생물 모두를 자연의 일부로 보는 자연관은 생태 중심적 자연관이다.

03 ③

| 정답해설 | 인간은 자연과 조화를 추구하고 공존하는 방법을 모

색해야 한다. 또한 다른 생명을 존중하고 지구 생태계가 겪고 있는 아픔에 공감해야 한다.

04 ②

| 정답해설 | 인간과 자연의 공존을 위해서는 경제 성장과 환경 보존의 조화를 추구하는 지속 가능한 발전이 이루어져야 한다.

05 ①

| 정답해설 | 인간의 삶을 유지하기 위해 물품을 구매하거나 서비스를 이용하는 것을 소비라고 한다. 소비는 인간이 삶을 유지하는 데 꼭 필요한 행위이지만 과소비와 낭비는 환경에 부정적인 영향을 미치므로 주의해야 한다.

06 ①

| 정답해설 | 지구의 자원은 한정되어 있고 이 한정된 자원을 미래 세대도 누리기 위해서는 합리적인 소비를 해야 한다.

07 ④

| 정답해설 | 생태계 보호를 위해 생활 쓰레기를 줄이려는 노력은 환경 오염을 줄이기 위한 행동이다.
| 오답해설 | ③ 물질적 가치를 중요하게 여기고 불필요한 것을 소비하는 과소비와 낭비는 환경에 부정적 영향을 미친다.

08 ①

| 정답해설 | 가까운 거리를 걸어 다니는 방법은 환경친화적인 삶을 실천하는 방법이다.
| 오답해설 | ②, ③, ④ 환경친화적인 삶을 살기 위해서는 비닐 봉지와 일회용품 사용을 줄이고, 전기 사용을 줄이는 습관이 필요하다.

09 ②

| 정답해설 | 차량의 이용은 환경 오염 물질을 발생시키므로 환경 생태계를 살리기 위해서는 가까운 거리는 걸어가거나 자전거를 이용하는 것이 바람직하다.

10 ①

| 정답해설 | 환경 오염 문제는 국가 간 협력이 필요할 뿐만 아니라 일회용품 줄이기, 에너지 절약하기, 가까운 곳은 걸어서 이동하기 등과 같은 개인의 노력도 함께 이루어져야 한다.

01 ④

| 정답해설 | 인간이 하던 일을 기계가 대신하면서 실업 문제가 발생한 것은 과학 기술의 부정적 영향이다.
| 오답해설 | ①, ②, ③ 과학 기술의 발달로 인간은 시공간의 제약을 극복할 수 있게 되어 활동의 범위가 확대되었고, 노동 시간 단축으로 여가 시간이 확대되었으며, 의료 기술의 발달로 건강 증진과 생명 연장이 가능해졌다.

02 ①

| 정답해설 | 기계의 등장으로 대량 생산이 가능해진 사회는 산업 사회이다.

03 ④

| 정답해설 | 과학 기술 발달로 과거에는 일부 계층만 즐기던 문화를 누구나 평등하게 공유할 수 있게 되었다.

04 ③

| 정답해설 | 생명 복제, 유전자 변형 식품, 동물 실험은 생명을 수단으로 다룬다는 문제가 지적될 수 있다.

05 ④

| 정답해설 | 무분별한 과학 지상주의를 강화하는 것은 윤리적 문제를 야기할 수 있다. 과학 기술은 그 결과를 예측하기 어렵고 파급력이 크기 때문에 기술 개발 목적의 정당성과 연구의 윤리적 책임이 요구된다.
| 오답해설 | ①, ②, ③ 과학 기술은 평화적으로 이용해야 하고, 인류의 공공선에 기여해야 하며, 미래 세대에 미칠 영향을 고려해서 사용해야 한다.

06 ③

| 정답해설 | 과학 기술이 인류에게 불행만 가져다준다는 관점은 과학 기술에 대한 비관적 시각이다.
| 오답해설 | ①, ②, ④ 과학 기술에 대한 낙관적 시각이다.

07 ②

| 정답해설 | 과학 기술 지상주의를 주장한 베이컨은 이성을 가진 인간이 자연을 지배할 권리를 가진다고 보고 자연에 관한 지식 활용을 강조하였다. 또한 과학 기술을 낙관적인 시각에서 바라보고 과학 기술의 발전에 의한 인간 생활의 번영을 그린 『뉴아틀란티스』를 저술하였다.

08 ①

| 정답해설 | 과학 기술은 인류의 복지를 증진시키고 미래 세대에 대한 책임을 강화하는 방향으로 활용되어야 한다.
| 오답해설 | ㄷ, ㄹ. 과학이 모든 문제를 해결할 수 있다는 과학 지상주의를 경계해야 하며, 과학 기술의 사회적 역할과 책임을 고민해야 한다.

09 ③

| 정답해설 | 과학 기술의 활용 결과에 대한 책임을 과학자에게 묻지 않는 것은 가치 중립성이다.

10 ②

| 정답해설 | 과학 기술은 영향력이 크고 파급력의 범위가 넓으며, 어떤 결과가 어떤 원인의 복합적 관계로 발생할지 알 수 없으므로 항상 신중하게 활용해야 한다.

03 삶의 소중함　　　　　　　　　　130쪽

01	④	02	④	03	①	04	②	05	④
06	④	07	④	08	④	09	②	10	④

01 ④

| 정답해설 | 삶은 태어남이라는 시작과 죽음이라는 끝이 존재한다.
| 오답해설 | ①, ②, ③ 삶은 그 자체로서 소중한 가치를 지니고 있다. 한번 잃으면 되찾을 수 없고, 누구에게나 하나밖에 없다는 유한성을 지닌다. 또한 나의 삶과 생명은 나만의 고유한 것이고, 다른 것으로 대체할 수 없다는 고유성을 지닌다.

02 ④

| 정답해설 | 소중한 삶을 망치는 원인 중 사회적 차원에 해당하는 것은 경제적 불평등, 경쟁을 부추기는 사회 분위기, 각종 범죄와 테러, 전쟁 등이 있다.
| 오답해설 | ①, ②, ③ 개인적 차원에 해당한다.

03 ①

| 정답해설 | 남을 이기기 위해 사는 삶은 자신의 삶을 소중하게 여기는 태도라고 보기 어렵다.

04 ②

| 정답해설 | 죽음은 누구나 경험하며 삶이 영원히 지속되지 않음을 깨닫게 해 준다.
| 오답해설 |
ㄴ. 죽음은 삶에서 딱 한 번 발생한다.
ㄹ. 죽음은 누구도 피할 수 없는 삶의 과정이다.

05 ④

| 정답해설 | 죽음은 고통스러울 것이라는 생각과 함께했던 소중한 사람들과 헤어져야 한다는 사실 때문에 두려움의 대상이 된다.

06 ④

| 정답해설 | 죽음은 인간으로 하여금 삶의 유한함을 자각하고 의미 있는 삶을 살기 위해 정신적 가치를 추구하는 등 삶을 풍요롭게 만들었다. 즐겁게 살기 위하여 쾌락적인 욕구만 추구하는 것은 죽음의 도덕적 의미라고 할 수 없다.

07 ④

| 정답해설 | 인간의 삶은 유한하므로 의미 있는 삶을 살기 위해 노력해야 한다. 따라서 삶을 소중하게 여기고 주어진 삶에 감사하는 마음을 가져야 한다.
| 오답해설 |
① 의미 있는 삶을 살기 위해서는 시간의 소중함을 알고 하루하루를 보람 있게 보내야 한다.
② 할 수 있다는 자신감을 바탕으로 하고자 하는 일을 성취해 나가야 한다.
③ 죽음은 언제 올지 모른다는 특성을 갖지만, 항상 불안한 마음으로 살아가는 것은 바람직하지 않다.

08 ④

| 정답해설 | 죽음을 통해 삶을 더 소중히 살아가야겠다는 교훈을 얻을 수 있다.

09 ②

| 정답해설 | 후회와 포기를 반복하는 것은 의미 있는 삶이라고 할 수 없다.

10 ④

| 정답해설 | 의미 있는 삶은 개인적으로 자신의 삶에 의미를 부여하고 자아실현을 위해 노력하는 삶이며, 사회적으로 규범을 지키고 사회적 역할을 수행하며 사회에 이바지하는 삶이다. 경제적 이익과 같은 물질적 가치보다는 진선미성의 정신적 가치를 추구하는 삶이 더 의미 있다고 할 수 있다.

04 마음의 평화
134쪽

01	①	02	③	03	①	04	①	05	②
06	①	07	③	08	④	09	③	10	④

01 ①

| 정답해설 | 고통의 고(苦)는 마음의 아픔이고 통(痛)은 몸의 아픔이다. 즉 몸과 마음의 괴로움이나 아픔을 뜻한다.

02 ③

| 정답해설 | 정신적인 아픔은 신체적 아픔을 동반하기도 한다.

03 ①

| 정답해설 | 고통은 자신의 의지와 선택으로 발생하기도 하고 자신의 의지와 무관하게 발생하기도 한다. 또한 잘못된 관행, 제노와 같은 외부 원인에 의해서 비롯되기도 하고 욕심이나 집착과 같은 내부 원인에 의해서 발생하기도 한다.

04 ①

| 정답해설 | 마음과 몸의 고통은 명확히 구별되지 않을 때도 있다.

05 ②

| 정답해설 | 신체적 장애가 생기는 것은 고통의 부정적 결과이다.

| 오답해설 |

① 고통의 원인을 살펴보고 해결 방법을 모색하는 과정에서 자신의 삶을 되돌아보게 된다.

③ 고통의 원인을 성찰하는 과정에서 겸허한 자세를 연마하여 인격 성숙에 이를 수 있다.

④ 자신이 고통으로 어려웠던 처지를 미루어 다른 사람의 입장을 헤아리는 능력을 기를 수 있다.

06 ①

| 정답해설 | 고통은 사람이라면 누구나 살아가면서 겪는 경험으로 고통을 당당히 마주하고 고통의 원인을 찾아 근본적으로 해결할 때 비로소 고통에서 벗어날 수 있다.

07 ③

| 정답해설 | 마음의 평화를 얻기 위해서는 감정과 욕구를 잘 조절할 줄 알아야 한다. 감정과 욕구를 조절하지 못하면 마음이 초조하고 불안해져 평화로운 상태를 유지하기가 어렵다.

| 오답해설 |

① 낙관적이고 긍정적인 태도를 가져야 한다.

② 타인에 대한 원한과 증오심을 버려야 한다.

④ 타인이 실수하더라도 잘못을 용서하고 화해를 하여야 한다.

08 ④

| 정답해설 | 자신에 대해 긍정적인 마음을 가지고 다른 사람과 비교하지 않으면서 묵묵히 자신의 삶을 다듬어 가는 것이 마음의 평화를 얻는 좋은 방법이 될 수 있다.

09 ③

| 정답해설 | 원하는 것을 얻기 위해 수단과 방법을 가리지 않는 것은 윤리적 문제를 야기할 수 있으므로 바람직하지 않다.

10 ④

| 정답해설 | 개인적 희망을 함께 공유하면 사회적 희망으로 발전할 수 있고, 사회적 희망이 커지고 간절해지면 사회 정책으로 실현될 수 있다. 따라서 개인적 차원의 희망과 사회적 차원의 희망을 균형 있게 추구해야 한다.

실전 모의고사

01	②	02	④	03	③	04	③	05	①
06	②	07	③	08	②	09	①	10	④
11	③	12	①	13	②	14	③	15	③
16	④	17	①	18	①	19	②	20	④
21	①	22	③	23	④	24	①	25	②

01 ②

| 정답해설 | 우리가 마땅히 해야 하거나 하지 않아야 하는 것을 당위라고 한다. 당위는 욕구를 조절해 주고 바람직한 행동인지 아닌지를 알게 해 주어 우리의 삶을 올바른 방향으로 이끌어 준다.

02 ④

| 정답해설 | 양심은 옳은 것과 그른 것을 구별하여 올바른 방향으로 행동하게 하는 마음의 명령이다. 우리는 양심에 따라 도덕적으로 판단하고 행동한다.

03 ③

| 정답해설 | 삶의 의미를 찾고 사람답게 살기 위해서는 도덕적인 삶을 살아야 한다.

04 ③

| 정답해설 | 도덕적 민감성, 공감, 결과 예측은 도덕적 상상력의 요소이다. 도덕적 상상력은 자신의 행동이 가져올 결과를 미리 생각해 보고 바람직한 결과를 얻도록 행동하는 것이다.

05 ①

| 정답해설 | 판단의 종류에는 사실 판단과 가치 판단이 있다. 여름 날씨가 덥고 습한 것은 날씨 상황을 그대로 평가한 것이므로 사실 판단에 해당한다.
| 오답해설 | ②, ③, ④ 친구의 행동이 바람직한 것, 만발한 장미꽃이 아름다운 것, 개그 공연이 재미있는 것은 주관적인 판단이 개입되어 있는 가치 판단에 해당한다.

06 ②

| 정답해설 | 아픈데도 무리하게 일정을 소화하는 것은 좋은 습관을 만드는 방법이 아니다. 또한 기분에 따라 행동하는 것이 아니라 지속적으로 반복해 몸에 익숙하게 만들어야 좋은 습관이 될 수 있다.

07 ③

| 정답해설 | 가정 내에서 발생할 수 있는 구성원 간의 갈등이다. 이러한 문제를 해결하기 위해서는 대화를 통해 서로를 이해하는 시간을 갖는 것이 좋은 방법이 될 수 있다.

08 ②

| 정답해설 | 일상의 대부분을 이성 친구와 보내면 학업이나 다른 동성 친구와의 관계 등 일상생활에 소홀해질 수 있다.

09 ①

| 정답해설 | 봉사는 자발적으로 남을 돕고자 하는 활동이다. 억지로 하는 것은 진정한 봉사 활동이라고 할 수 없다.

10 ④

| 정답해설 | 인권은 인간이라면 누구나 성별, 인종, 신분, 종교 등과 관계없이 태어나면서부터 지니고 있는 것으로, 보편성과 천부성을 지닌다. 또한 누구에게도 침해당하지 않고 자유롭게 누릴 수 있는 불가침성도 지닌다. 따라서 가운데 세로줄이 정답이다.

11 ③

| 정답해설 | 고정 관념은 잘 변하지 않는 의식이나 관념이고, 편견은 공정하지 못하고 한쪽으로 치우친 생각이다. 고정 관념과 편견은 차별을 만들고 인간 존엄성을 훼손하므로 지양해야 한다.

12 ①

| 정답해설 | 다양한 인종과 관습, 종교 등이 어울려 살아가기 위해서는 문화 상대주의적 태도를 지녀야 한다. 문화 상대주의는 자기 문화에 자긍심을 갖고 다른 문화에 대해서도 이해하려는 태도로, 다문화를 이해하는 가장 바람직한 태도이다.

| 오답해설 |
② 문화 사대주의는 다른 문화를 우월하다고 여기는 태도이다.
③ 문화 보편주의는 다양한 문화에서 공통으로 갖고 있는 특징에 중점을 두는 태도이다.
④ 자문화 중심주의는 자기 문화만을 우월하다고 여기는 태도이다.

13 ②

| 정답해설 | 인터넷에 올라온 정보는 만든 사람의 허락을 받고 이용해야 한다.

14 ③

| 정답해설 | 브레인스토밍은 함께 문제를 해결하기 위해 자유롭게 아이디어를 제시하는 상황이므로 갈등으로 보기 어렵다.

15 ③

| 정답해설 | 자신의 주장만 내세우고 남의 말을 듣지 않는 태도는 갈등을 심화시킨다.

16 ④

| 정답해설 | 시민 불복종은 부당한 법과 제도를 개선하기 위해 공개적이고 평화로운 방법으로 법을 위반하는 행위이다. 시민 불복종이 정당화되기 위해서는 공익성, 비폭력성, 최후의 수단, 처벌 감수 등의 조건을 갖춰야 한다.
④ 시민 불복종은 위법 행위이기 때문에 처벌을 감수해야 한다.

17 ①

| 정답해설 | 국가기 추구하는 가치 중 국민 누구에게나 기본적인 삶을 보장하여 인간다운 삶을 살 수 있게 하는 것은 복지이다.

18 ①

| 정답해설 | 폭력은 인간이 누려야 할 자유와 권리를 침해하는 행위로, 더 심한 갈등을 일으키는 원인이 되며 보복에 대한 새로운 보복을 불러올 수 있다.

| 오답해설 | ㄷ. 폭력은 갈등을 해결하는 방법이 아니라 갈등을 심화시키고 사회 질서를 파괴하는 옳지 않은 행동이다.

19 ②

| 정답해설 | 한정된 자원을 효율적으로 분배하기 위해 사용되는 수단은 경쟁이다. 이기적인 개인이 불공정하게 이익을 취할 경우 갈등이 발생한다.

20 ④

| 정답해설 | 분단의 상황으로 인해 발생하는 비용을 분단 비용이라고 한다. 분단 비용의 대표적인 예로 군사비가 있다.

21 ①

| 정답해설 | 환경친화적인 삶을 살기 위해서는 가까운 거리는 대중교통을 이용하고, 음식물 쓰레기를 줄이며, 자원 재활용을 위한 분리 배출을 실천해야 한다.
① 일회용품을 사용하는 것은 환경친화적인 모습에 해당하지 않는다.

22 ③

| 정답해설 | 과학 기술은 영향력과 파급력이 크기 때문에 연구 목적 설정과 개발 단계에서부터 신중해야 하고 결과에 대한 책임을 져야 한다.

23 ④

| 정답해설 | 복수는 심리적으로 고통을 주고 또 다른 복수를 불러일으켜 삶을 힘들게 할 수 있다.

24 ①

| 정답해설 | 자신이 죽은 후에 사람들의 기억 속에 어떤 사람으로 남을지 생각해 보는 것은 죽음을 통해 삶을 성찰하려는 자세이다.

25 ②

| 정답해설 | 고통은 피하지 못하는 경우가 많기 때문에 용기 있게 극복하려는 자세가 필요하다.

01	①	02	④	03	③	04	②	05	②
06	④	07	①	08	①	09	②	10	④
11	①	12	①	13	②	14	①	15	②
16	④	17	②	18	①	19	②	20	③
21	①	22	④	23	③	24	②	25	③

01 ①

| 정답해설 | 도덕적인 삶을 살면 다른 사람과의 갈등이 줄어 걱정을 덜 수 있고 행복감이 커질 수 있다. 또한 반성하는 삶을 통해 더 나은 삶을 살아갈 수 있다.

02 ④

| 정답해설 | 도덕적으로 본받을 만한 인물의 모습에 비추어 자신의 삶을 반성함으로써 자신이 올바른 길로 가고 있는지 확인할 수 있다.

03 ③

| 정답해설 | 자신의 모습을 인식하고 스스로를 다른 사람과 구별되는 고유한 존재로 여기게 해 주는 것을 자아 정체성이라고 한다. 내가 누구인지, 무엇을 좋아하는지, 다른 사람이 나를 어떻게 인식하는지, 장래 희망은 무엇인지 등의 질문에 대답하는 과정에서 자아 정체성을 형성할 수 있다.

04 ②

| 정답해설 | 시간을 가장 의미 있게 보낼 수 있는 봉사하기가 가장 상위에 해당하는 가치이다. 봉사는 자신뿐만 아니라 다른 사람에게도 도움이 되는 시간을 보내기 때문이다.

05 ②

| 정답해설 | 좋은 습관을 만들기 위해서는 일시적 쾌락보다는 지속적 쾌락을 추구하는 것이 바람직하다.

06 ④

| 정답해설 | 아무리 가족이라도 모든 가족 구성원의 생각을 다 이해하기는 힘들다. 따라서 대화를 통해 서로를 알아가는 시간이 필요하다.

07 ①

| 정답해설 | 금란지교는 금과 같이 단단하고 난초의 향처럼 깊은 우정을 말한다. 죽마고우는 어릴 때 대나무로 만든 말을 타고 놀던 친구를 말한다. 관포지교는 관중과 포숙의 우정을 의미한다. 따라서 (가)에 들어갈 말은 우정이다.

08 ①

| 정답해설 | 민주는 자신과 친하게 지냈던 친구가 다른 사람들에게 괴롭힘 당하고 있는 것을 보고 도와줘야 한다는 것을 알고 있지만, 무서워서 괴롭힘을 당하는 친구를 외면하고 있다. 따라서 민주가 도덕적인 행동을 하지 못한 이유는 용기가 부족하기 때문이라고 할 수 있다.

09 ②

| 정답해설 | 누구나 받아들일 수 있는 옳고 그름의 기준을 도덕 원리라고 한다.
| 오답해설 | ③ 도덕 원리를 바탕으로 구체적인 상황과 인물에 대해 옳고 그름을 결정하는 것을 도덕 판단이라고 한다.

10 ④

| 정답해설 | 도덕적 성찰은 도덕적으로 잘못된 행동이 없었는지 스스로 과거의 경험을 반성하고 바람직한 미래의 삶을 계획하는 사고 활동이다. 도덕적 성찰을 통해 실수를 개선하고 줄일 수 있으며 인격과 성품이 성숙해져 더 나은 삶을 살 수 있다. 이러한 도덕적 성찰의 방법으로는 일기 쓰기, 명상, 독서 등이 있다.

11 ①

| 정답해설 | 사랑은 어떤 사람을 소중하게 여기는 마음으로, 공자는 인, 불교에서는 자비로 표현하였다. 미국의 심리학자인 스턴버그는 사랑의 요소로 친밀감, 헌신, 열정을 제시하였고 이것들이 균형을 이룰 때 성숙한 사랑이 된다고 하였다.

12 ①

| 정답해설 | 이성 친구와 교제할 때에는 성별의 차이를 이해하고 상대방을 존중하는 자세가 필요하다.

13 ②

| **정답해설** | 이웃은 거리적으로나 정서적으로 나와 밀접하게 관계를 맺고 사는 사람들이다. 오늘날 이웃은 교통과 통신의 발달로 국가, 세계, 사이버 공간 등으로 범위가 확대되었다.

14 ③

| **정답해설** | 봉사는 도움이 필요한 사람을 자신의 시간과 능력을 이용하여 돕는 활동으로, 자발성, 이타성, 무대가성, 지속성의 특성을 지닌다.
③ 대가를 바라는 것은 봉사의 바람직한 자세라고 할 수 없다.

15 ②

| **정답해설** | 사회적 약자는 다른 사람들과 다르다는 이유로 부당한 대우를 받고 차별을 경험한다. 사회적 약자에 대한 차별과 편견은 그들에게 고통을 준다. 따라서 그들을 따뜻하게 배려할 필요가 있다.

16 ④

| **정답해설** | 양성평등은 남녀의 신체적 차이를 이해하고, 개인의 능력과 적성에 따라 사회적 역할을 수행하는 것이다. 남녀의 신체적 특성을 고려하지 않는 것과 성별에 따라 정해진 역할을 강요하는 것은 바람직하지 않다.

17 ②

| **정답해설** | 연고주의는 혈연, 지연, 학연 등을 중시하는 태도로 세계 시민이 추구해야 할 가치에 해당하지 않는다.

18 ①

| **정답해설** | 환경 문제는 광범위하게 영향을 미치므로 전 세계 사람들이 함께 관심을 갖고 해결하기 위해 노력해야 한다.

19 ②

| **정답해설** | 스마트폰을 오랫동안 사용하면 정신적·신체적 고통을 유발할 수 있으므로 적정 시간 동안만 사용하는 것이 바람직하다.

20 ③

| **정답해설** | 서로에 대한 오해나 불신, 편견 등으로 생기는 갈등은 인간관계 갈등이다. 중간에서 또래로 보이는 제삼자가 갈등의 해결을 돕고 있는데 이를 또래 중재라고 한다.

21 ①

| **정답해설** | 폭력은 비폭력적 방법으로 해결해야 한다. 폭력에 폭력으로 맞서는 것은 바람직하지 않다.

22 ④

| **정답해설** | 다른 나라에 배타적인 태도를 가지고 자기 나라만을 사랑하는 것은 다른 나라에 대해 무시하거나 공격적인 태도를 보일 수 있으므로 옳지 않다.

23 ③

| **정답해설** | 자녀가 다른 사람보다 좋은 결과를 얻을 수 있도록 아는 사람을 총동원하는 것은 부정 행위이다. 이는 다른 사람의 기회를 박탈하는 것이며, 불공정한 경쟁에 해당한다.

24 ②

| **정답해설** | 다른 사람을 질투하는 것은 자신과 타인을 비교하게 되어 마음을 불편하게 한다.

25 ③

| **정답해설** | 생태 중심주의는 생명과 무생물 등 생태계의 연관성을 중요하게 생각하고 고려하는 것으로 환경친화적인 태도라고 할 수 있다.

memo

memo

memo

memo

memo

memo

memo

2025 최신판

에듀윌
중졸 검정고시
기본서 도덕

고객의 꿈, 직원의 꿈, 지역사회의 꿈을 실현한다

펴낸곳 (주)에듀윌　**펴낸이** 양형남　**출판총괄** 오용철　**에듀윌 대표번호** 1600-6700

주소 서울시 구로구 디지털로 34길 55 코오롱싸이언스밸리 2차 3층　**등록번호** 제25100-2002-000052호

협의 없는 무단 복제는 법으로 금지되어 있습니다.

에듀윌 도서몰 book.eduwill.net	• 부가학습자료 및 정오표: 에듀윌 도서몰 > 도서자료실
	• 교재 문의: 에듀윌 도서몰 > 문의하기 > 교재(내용, 출간) / 주문 및 배송

꿈을 현실로 만드는
에듀윌

DREAM

공무원 교육
- 선호도 1위, 신뢰도 1위! 브랜드만족도 1위!
- 합격자 수 2,100% 폭등시킨 독한 커리큘럼

자격증 교육
- 8년간 아무도 깨지 못한 기록 합격자 수 1위
- 가장 많은 합격자를 배출한 최고의 합격 시스템

직영학원
- 직영학원 수 1위
- 표준화된 커리큘럼과 호텔급 시설 자랑하는 전국 22개 학원

종합출판
- 온라인서점 베스트셀러 1위!
- 출제위원급 전문 교수진이 직접 집필한 합격 교재

어학 교육
- 토익 베스트셀러 1위
- 토익 동영상 강의 무료 제공

콘텐츠 제휴 · B2B 교육
- 고객 맞춤형 위탁 교육 서비스 제공
- 기업, 기관, 대학 등 각 단체에 최적화된 고객 맞춤형 교육 및 제휴 서비스

부동산 아카데미
- 부동산 실무 교육 1위!
- 상위 1% 고소득 창업/취업 비법
- 부동산 실전 재테크 성공 비법

학점은행제
- 99%의 과목이수율
- 16년 연속 교육부 평가 인정 기관 선정

대학 편입
- 편입 교육 1위!
- 최대 200% 환급 상품 서비스

국비무료 교육
- '5년우수훈련기관' 선정
- K-디지털, 산대특 등 특화 훈련과정
- 원격국비교육원 오픈

에듀윌 교육서비스 **공무원 교육** 9급공무원/7급공무원/소방공무원/계리직공무원 **자격증 교육** 공인중개사/주택관리사/감정평가사/노무사/전기기사/경비지도사/검정고시/소방설비기사/소방시설관리사/사회복지사1급/건축기사/토목기사/직업상담사/전기기능사/산업안전기사/위험물산업기사/위험물기능사/유통관리사/물류관리사/행정사/한국사능력검정/한경TESAT/매경TEST/KBS한국어능력시험/실용글쓰기/IT자격증/국제무역사/무역영어 **어학 교육** 토익 교재/토익 동영상 강의 **세무/회계** 회계사/세무사/전산세무회계/ERP정보관리사/재경관리사 **대학 편입** 편입 교재/편입 영어·수학/경찰대/의치대/편입 컨설팅/면접 **직영학원** 공무원학원/소방학원/공인중개사 학원/주택관리사 학원/전기기사 학원/세무사·회계사 학원/편입학원 **종합출판** 공무원·자격증 수험교재 및 단행본 **학점은행제** 교육부 평가인정기관 원격평생교육원(사회복지사2급/경영학/CPA)/교육부 평가인정기관 원격 사회교육원(사회복지사2급/심리학) **콘텐츠 제휴·B2B 교육** 교육 콘텐츠 제휴/기업 맞춤 자격증 교육/대학 취업역량 강화 교육 **부동산 아카데미** 부동산 창업CEO/부동산 경매 마스터/부동산 컨설팅 **국비무료 교육 (국비교육원)** 전기기능사/전기(산업)기사/소방설비(산업)기사/IT(빅데이터/자바프로그램/파이썬)/게임그래픽/3D프린터/실내건축디자인/웹퍼블리셔/그래픽디자인/영상편집(유튜브)디자인/온라인 쇼핑몰광고 및 제작(쿠팡, 스마트스토어)/전산세무회계/컴퓨터활용능력/ITQ/GTQ/직업상담사

교육 문의 **1600-6700** www.eduwill.net